동기부여의 기술

HARVARD BUSINESS REVIEW ON MOTIVATING PEOPLE
by Brook Manville, Steve Kerr

Original work copyright ⓒ 2003
Harvard Business School Publishing Corporation
All rights reserved.

This Korean edition was published by Book21 Publishing Group in 2009
by arrangement with Harvard Business Press, Boston, MA
through KCC(Korea Copyright Center Inc.), Seoul.

이 책은 한국저작권센터(KCC)를 통한 저작권자와의 독점 계약으로 (주)북이십일에서 출간되었습니다.
저작권법에 의해 한국 내에서 보호를 받는 저작물이므로 무단전재와 무단복제를 금합니다.

동기부여의 기술

창조적으로 생각하고 자율적으로 움직이는 조직 관리 노하우

나이젤 니콜슨 외 지음
박세연 옮김

www.book21.com

| 발간사 |

시대를 뛰어넘는 현대경영학의 진수

지금으로부터 100여 년 전인 1908년은 경영의 역사에서 상당히 의미 있는 해라고 볼 수 있다. 한때 세계 최고의 기업이었지만 지금은 파산 신청 이후 새로운 회사로 거듭나려고 하는 미국 자동차 회사 GM이 설립된 해가 1908년이다. 또한 그보다 5년 앞서 설립된 포드가 본격적으로 조립식 생산방식을 도입해 '모델 T'라고 불리는 자동차를 생산하기 시작한 해도 1908년이다. 그러나 무엇보다 주목해야 할 것은 전 세계 경영학 교육의 메카라 불리는 '하버드 비즈니스 스쿨'이 1908년에 설립되었다는 점이다. 물론 최초의 경영학 교육기관은 1881년 설립된 펜실베이니아 대학의 와튼 스쿨이다. 그럼에도 불구하고 우리가 하버드 비즈니스 스쿨에 주목하는 것은 이 대학이 경영학 교육은 물론 실제 기업 경영에 미친 지대한 공헌 때문일 것이다.

실사구시의 전통

공교롭게도 하버드 비즈니스 스쿨의 시작은 경영학의 출발을 알리는 신호탄이었다. 1636년 설립된, 미국에서 가장 오래된 대학 중 하나였던 하버드가 본격적으로 경영학 교육에 뛰어들었다는 상징성 외에도, 하버드 비즈니스 스쿨은 경영학 교육의 정체성을 확립하는 데 결정적인 역할을 했기 때문이다. 경영학의 역사에서 해묵은 논쟁 중의 하나는 학문의 정체성을 둘러싼 논란이다. '경영학은 과연 과학인가 아니면 기술인가?'

사실 기업의 역사는 경영학의 역사보다 훨씬 길다. 굳이 기업의 역사를 들먹이지 않더라도 화학 산업의 선두주자인 듀폰이 1802년에 설립되었으며, 석유 산업의 원조인 '스탠다드 오일'과 유통 산업의 개척자인 '시어스'는 1870년과 1886년에 이미 설립되었다. 따라서 경영학이 존재하지 않던 시절에도 기업은 경영자에 의해 운영되고 있었다. 그러나 듀폰의 설립으로부터 100년이 훨씬 지난 1911년 프레데릭 테일러라는 한 경영자에 의해 경영학은 과학이라고 하는 역사적인 출발을 알리게 되었다.

미드베일과 베들레헴 철강회사의 엔지니어였던 테일러는 생산 현장에서 쌓았던 자신의 경험과 연구 성과들을 정리해서 1911년에 『과학적 관리법의 원리(The principles of scientific management)』라는 책을 출간하였다. 이 책이 바로 후대 경영학자들에 의해 테일러가 경영학의 아버지로 칭송되는 결정적인 근거가 되었다. 한 가지 재미있는 사실은 그가 하버드 대학에 합격하고도 시력 악화로 진학을 포기하고 경영자의 길을 걸었다는 점이다. 아무튼 이 책에서 그는 작업에 소요되는 시간과 작업자의 동작에 대한 연구를 통해 하루의 공정한 작업량을 측정하고 이에 근거해서 근로자들을 관리하였다. 즉 단순한 감이나 오랜 경험과 같은 주먹구구식 방법이 아니라, 과학적 지식을 이용해서 기업 현장의 생산성을 향상시킬 수 있다는 점을 최초로 실증하였던 셈이다.

이로부터 개발된 경영학적 지식들이야말로 바로 이러한 테일러의 사상에 기반을 두고, 과학적인 연구 결과와 방법론들을 통해 기업 경영의 효율성을 제고

시키는 역할을 해왔다. 이처럼 경영학은 과학적인 지식을 활용해서 기업 현실의 문제를 풀어간다는 의미에서 과학이면서 동시에 기술이라는 양면성을 갖고 있다고 봐야 한다. 하지만 하버드 비즈니스 스쿨이야말로 경영자들이 당면한 기업 현실의 문제를 해결하기 위한 과학적 지식과 방법을 연구하고 전파시키는 경영학 교육 본연의 모습, 즉 원형을 창조하고 발전시킨 기관이라고 할 수 있다. 하버드 비즈니스 스쿨이 경영학 교육에 끼친 지대한 영향은 크게 다음 세 가지로 요약할 수 있다. 기업 사례의 개발과 활용, MBA 교육의 시작, 『하버드 비즈니스 리뷰』의 발간 등이다.

기업 사례란 경영자들이 직면한 실제의 경영 상황을 설명해 주는 자료로, 학생들이 특정 기업이 처해 있는 실제적인 상황을 분석하고 토론하여 최종적인 의사결정을 해봄으로써 경영자들이 실제 경영에서 얻은 것과 유사한 경험을 갖게 하는 데 목적이 있다. 수업 시간에 주어진 사례를 분석하고 토론하는 과정에서 학생들은 단순한 강의로는 얻을 수 없는 경영의 지혜를 스스로 터득할 수 있다. 사실 사례는 오래전부터 의학이나 법학 분야에서 교육 목적으로 널리 활용되어 왔다. 병원에 있는 실제 환자의 사례 혹은 법정에서의 판례는 실제 의사나 판·검사, 변호사가 되기 이전에 학생들에게 충분한 교육과 연습으로서의 가치를 지닌 교육 자료이자 방법이었다.

하버드 비즈니스 스쿨은 경영학 최초로 1910년부터 강의 외에 학생들에게 토론의 기회를 주는 사례교육을 도입하였다. 뿐만 아니라 기업의 경영자들이 학교에 초빙되어 기업이 당면하고 있는 문제점을 제시하고, 이러한 문제점에 대해 학생들과 토론하는 수업이 진행되었다. 하버드 비즈니스 스쿨에 의해 시작된 사례교육 방법은 경영에 관한 일반적 지식을 다양한 현실에 적용시킬 수 있는 능력을 배양하는 효과적인 방법이었다. 강의식 교육이 교수의 주도적 역할에 의해 일반적인 지식을 학생에게 전수시키는 것이라면, 사례교육 방법은 학생의 적극적 참여에 의해 스스로 깨우치는 것에 초점을 두는 방법이라 할 것이다.

게다가 사례는 허구의 이야기가 아니라 생생한 기업 현장의 스토리였다. 강의실에서 가르치는 지식이 주로 보편적이고 일반적인 지식인 데 반해, 실제 경영 현상은 매우 다양하고 복잡했기 때문에 사례는 이러한 이론과 현실 간의 차이를 메워줄 수 있는 효과적인 수단이었던 셈이다. 지금도 하버드 비즈니스 스쿨은 경영학 모든 분야의 교육용 사례를 개발해서 배포하는 선두 기관으로 자리매김하고 있다. 과학적 지식뿐만 아니라 활발한 사례 개발과 교육을 통해 하버드 비즈니스 스쿨은 실사구시의 학풍을 확고히 정립할 수 있었다.

『하버드 비즈니스 리뷰』의 발간

1921년 하버드 비즈니스 스쿨이 최초로 경영자를 육성하는 MBA 교육을 시작할 무렵, 경영학계에는 두 가지 의미 있는 일이 시작되었다. 첫 번째로 당시 신임 돈햄(Donham) 학장의 전폭적인 후원하에, 앞서 설명한 사례교육이 경영학 교육과정에 확고히 자리 잡기 시작했다. 법학자였던 돈햄 학장은 이미 사례교육에 익숙했고, 경영학에서도 사례교육이 중요하다는 확신을 갖고 사례교육 방법을 전 교과과정에서 채택하도록 노력했다. 이후 사례교육은 미국의 각 대학으로 번져나갔다.

두 번째로 『하버드 비즈니스 리뷰』라는 경영 학술지가 1922년부터 발간되기 시작했다. 『하버드 비즈니스 리뷰』는 여타 학술지와 다른 독특한 특성을 갖고 있었는데, 이는 하버드 비즈니스 스쿨의 실사구시 학풍과도 밀접한 관계가 있었다. 우선 『하버드 비즈니스 리뷰』는 일반적인 학술지와는 달리 철저하게 경영자를 위한 학술지였다. 통상 학술지라고 하면 학자들이 까다로운 기준에 맞춰 연구한 내용을 발표하기 때문에 일반 경영자들보다는 학자나 박사과정 학생들이 즐겨보는 것이 현실이다. 물론 엄밀한 과학성을 추구하는 것은 학술지로서 갖추어야 할 중요한 요건이지만, 학술지들이 너무 지나친 자기검열 기준에 따라 경영학 지식을 다루다보니 경영자들이 쉽게 읽고 이해하는 것이 어렵게 되어버렸다.

하지만 『하버드 비즈니스 리뷰』는 거의 유일하게 창간 이후 지금까지 독창적이면서 혁신적인 경영 아이디어를 다루면서도 결코 경영자들을 실망시키지 않는 풍부한 시사점을 갖춘 경영의 주제들을 담고 있다. 엄격한 학문적인 기준에서는 『하버드 비즈니스 리뷰』는 학술지가 아니라 경영 잡지에 불과하다는 혹독한 비판도 있지만, 기업계는 물론 학계나 기타 컨설팅 업계에서도 『하버드 비즈니스 리뷰』를 인정하는 것은 시대를 관통하는 촌철살인의 문제의식과 독창적인 아이디어를 담고 있기 때문이다. 이제 막 100년을 넘긴 경영학의 역사에서 한 시대를 대표하는 핵심적인 이론과 개념들이 『하버드 비즈니스 리뷰』를 통해 발표되었다는 것은 주목할 만한 일이다.

예컨대 마이클 포터의 산업구조분석(5 forces model), 게리 하멜의 핵심역량(core competence), 마이클 해머의 리엔지니어링(reengineering), 로버트 캐플란의 균형성과표(balanced scorecard) 등 경영학의 역사에서 하나의 변곡점을 만들어낸 주요 개념과 이론들이 『하버드 비즈니스 리뷰』를 통해 소개되었다. 뿐만 아니라 20세기 초의 GM, 포드, 듀폰, 코닥, P&G는 물론 20세기 후반 GE, IBM, 인텔, 마이크로소프트, 애플, 구글 등 수많은 성공 기업의 사례도 이 학술지를 통해 전 세계적으로 널리 알려지게 되었다. 어디 그뿐인가? 우리는 『하버드 비즈니스 리뷰』를 통해 피터 드러커, 테오도르 레빗, 로자베스 모스 캔터, C. K. 프라할라드, 잭 웰치, 마이클 델 등 세계적인 석학이나 성공한 경영자의 사상과 경험들을 접할 수도 있다. 전 세계적으로 유명한 학자나 성공한 기업가, 똑똑한 컨설턴트들이 자신의 원고를 『하버드 비즈니스 리뷰』에 게재하고 싶어 안달인 것은 그만큼 이 학술지가 업계에 미치는 엄청난 영향력을 잘 알고 있기 때문이다.

그동안 『하버드 비즈니스 리뷰』는 시대를 앞선 트렌드와 시대를 넘어서는 고

전이라는 두 마리 토끼를 동시에 잡아왔다. 이 학술지에 실린 글들 중 상당수는 당시의 트렌드를 잘 반영하고 있지만, 그렇다고 해서 이 글들은 일시적인 유행에만 머문 것이 아니라 시대를 관통하는 경영학의 고전들이 되었다. 마이클 포터의 산업구조분석에 대한 연구가 없었다면 경영자들은 아직도 산업 내에서 벌어지는 기업 간 경쟁에 대해서 체계적으로 대응할 수 없었을 것이다. 마이클 해머의 리엔지니어링 개념이 소개되지 않았다면, 아마도 많은 경영자들이 기업 내 다양한 프로세스의 중요성을 인식하지 못했을 것이고, 여전히 고객들은 다양한 부서들의 틈바구니에서 불편함을 겪었을 것이다. 또한 로버트 캐플란이 균형성과표를 소개하지 않았다면, 경영자들은 아직도 단기적인 재무 성과 지표들에만 집착한 나머지 장기적인 관점에서 기업의 성과에 영향을 미치는 고객이나 내부 프로세스, 종업원 등에 대한 성과 측정과 개선이 이루어지지 않았을 것이다.

현대 경영학의 결정판

이런 관점에서 이번에 21세기북스에서 발간되는 '하버드 비즈니스 클래식'은 지난 100년간 발전되어온 현대 경영학의 진수를 제대로 살펴볼 수 있는 좋은 기회라고 생각된다. 1990년대 말부터 『하버드 비즈니스 리뷰』에서는 학술지에 실렸던 우수한 논문이나 기고문 중에서 시대를 넘어서는 글들을 엄선해서 주제별 단행본을 출간하고 있다. 예컨대 변화관리, 리더십, 브랜드 관리, 윤리경영 등 다양한 주제별로 『하버드 비즈니스 리뷰』에 발표되었던 주옥 같은 글들을 묶어서 정리하는 방식이다. 즉 시대별로 발간되는 『하버드 비즈니스 리뷰』를 주제별로 묶어서 재발간하는 셈이다. 이 단행본들을 이번에 21세기북스에서 '하버드 비즈니스 클래식'이라는 제목으로 소개하게 된 것이다.

'하버드 비즈니스 클래식'은 다음과 같은 세 가지 측면에서 경영자들이나 학생들에게 큰 도움을 줄 수 있다고 생각한다. 첫째, 다양성이다. 각각의 단행본들이 다루고 있는 주제들에 대한 다양한 시각을 살펴볼 수 있다. 굉장히 복잡한 경영의 이슈들을 하나의 이론이나 주장으로 이해한다는 것은 애초부터 불가능한 일이었을 것이다. 예컨대 기업의 영원한 숙제인 '성장 전략'만 하더라도 한두 개의 이론이나 사례로 해결할 수 있는 이슈가 아니다. 기업이 성장하기 위해서는 기존 사업을 혁신시킬 수도 있고, 다른 기업을 인수합병할 수도 있다. 마찬가지로 신규 사업으로 다각화할 수도 있고 파트너들과의 전략적 제휴를 활용할 수도 있다. 하버드 비즈니스 클래식은 성장 전략에 대해 유일무이한 하나의 해답을 제공하려고 애쓰지 않고, 각기 다른 시각에서 연구되어 온 다양한 시각을 제공한다. 그리고 마치 토론을 통해 스스로 해답을 찾아가는 사례교육 방법처럼, 다양한 시각을 담은 글 속에서 독자들 스스로 깨달음을 얻도록 유도하고 있다.

둘째, 연계성이다. 각 단행본들이 담고 있는 글들은 다루는 주제에 대한 다양한 시각을 담고 있지만, 이 글들이 따로 노는 것이 아니라 하나의 주제에 맞게 서로 연결된다는 점이다. 예컨대 '변화관리'의 경우 총 8개의 논문으로 구성되어 있는데, 첫 번째 논문이 변화의 8단계를 설명했다면, 다른 논문은 경영자들이 8단계 모델에 따라 변화를 주도할 때 고려해야 하는 비전, 리더십, 저항, 프로그램 등의 주제를 각기 다루고 있다. 따라서 독자들은 성공적인 변화관리를 위한 다양한 주제들을 읽으면서도 이들 서로 다른 논문들을 통해 변화관리에 성공하기 위한 공통점이나 보완점들을 발견할 수 있다. 다양한 논문들은 각기 다른 시각을 제공하지만, 이들 관점들이 하나의 체계를 갖추고 있기 때문에 독자들이 일독을 끝냈을 무렵에는 머릿속에 주제와 관련된 큰 그림이 그려지는 셈이다.

셋째, 실용성이다. 책에 담긴 논문들은 연구를 위한 연구, 소수 학자들을 위한 현학적 수사를 배제한 철저하게 실무적인 이슈와 시사점들을 다루고 있다. 이미 언급한 것처럼 『하버드 비즈니스 리뷰』는 창간 때부터 경영자를 위한 학술지라는 독특한 위치를 고수했다. 아무리 이론이 훌륭하더라도 실제 기업 경영에 대한 시사점이 부족하고 경영자들이 이해하기 힘든 개념이나 숫자들로 채워져 있다면 결코 『하버드 비즈니스 리뷰』에 소개되기 어렵다. 따라서 『하버드 비즈니스 리뷰』에 실린 글들은 저마다 다양한 주제를 다루고 있지만, 실제 기업 경영에 미치는 영향력이라는 공통적인 잣대를 기준으로 평가되고 있다. 경영자들에게 큰 영향력을 미친 논문이 우수한 논문인 셈이다. 예컨대 마케팅에 관한 책을 보면 브랜드, 가격전쟁, 웹 마케팅, 마케팅 실험 등 철저하게 기업의 성과와 직결되는 실천적인 마케팅 주제들을 다루고 있다.

최근에도 기업을 둘러싼 환경은 끊임없이 변하고 있다. 따라서 기업 경영을 주제로 다루고 있는 경영학도 예외는 아닐 것이다. 20세기 기업 경영에 도움이 되었던 경영학의 제반 지식이 21세기에도 그대로 적용되리라는 보장은 없다. 그러나 온고이지신이라고 했던가? 전통적인 것이나 새로운 것 어느 한쪽에만 치우치지 않아야 한다는 논어의 가르침처럼, 21세기를 위한 새로운 경영을 만들어나감에 있어 20세기 경영학의 핵심이라고 할 수 있는 '하버드 비즈니스 클래식'에 담긴 주옥같은 글들은 분명 독자들에게 결정적인 도움이 될 것이다.

이동현
'하버드 비즈니스 클래식' 기획위원
가톨릭대학교 경영학부 교수

| 저자 소개 |

나이젤 니콜슨 Nigel Nicholson은 런던 경영대학원의 조직행동학 교수이자 조직 연구소의 이사를 맡고 있다. 「How Hardwired Is Human Behavior?」를 포함하여 『Managing the Human Animal』과 같은 다양한 저작을 통해 나이젤은 진화심리학을 비즈니스 분야에 접목하는 새로운 시도를 하고 있다. 그리고 최근 가족 기업의 리더십과 관리 역량에서 성격의 역할에 대해 집중적으로 연구를 하고 있다. 유명한 대중 연설가이기도 한 그는 신문 등 다양한 매체를 통해 종종 글을 발표하고 있다. 또한 런던 경영대학원에서 실적이 높은 직원들의 기술이나 혁신적 프로메테우스 프로그램과 같은 실무 프로그램을 진행하고 있으며 다양한 조직에 컨설팅 서비스를 하고 있다.

브론윈 프라이어 Bronwyn Fryer는 『하버드 비즈니스 리뷰』의 선임 편집위원이다. 그녀는 이전에 『뉴스위크』, 『뉴욕타임스』, 『포춘』 등 많은 언론매체의 프리랜서 기고가로 활동하면서 상을 받은 경력이 있다.

프레더릭 허즈버그 Frederick Herzberg는 솔트레이크 시티에 있는 유타 대학의 경영 수훈교수로서 이 글을 발표할 당시 클리블랜드에 있는 케이스 웨스턴 리저브 대학에서 심리학과 학과장을 맡고 있었다. 『Work and the Nature of Man』을 저술한 바 있다.

데이비드 맥클랜드 David C. McClelland는 이 글을 발표할 당시 하버드 대학에서 심리학 교수로 재직하고 있었다.

데이비드 번햄 David H. Burnham은 이 글을 발표할 당시 행동과학 컨설팅 기업인 맥버(McBer Company)의 사장이자 CEO를 맡고 있었다. 현재 보스턴에 있는 번햄 로젠 그룹(Burnham Rosen Group)의 회장을 맡고 있으며 리더십의 구성 요소에 관한 연구를 진행하고 있다. 그리고 전 세계의 경영자들을 대상으로 조직의 성공률을 끌어올리기 위한 노력을 계속 하고 있다.

해리 레빈슨 Harry Levinson은 레빈슨 연구소 소장이자 조직심리학의 대가이다. 그리고 치료심리학자이자 하버드 의과대학 정신의학부 명예심리학 임상교수이다.

스티브 커 Steve Kerr는 뉴욕에 있는 골드만삭스의 최고학습책임자(Chief Learning Officer, CLO)를 맡고 있다. 2001년 골드만삭스에 입사하기 전에 그는 GE의 최고학습책임자와 리더십 개발 책임자로서 7년간 근무를 했다. 그리고 크로톤빌에 있는 GE의 리더십개발센터의 책임을 맡았었다.

브룩 맨빌 Brook Manville은 인적자원 개발 및 경영관리에 대한 소프트웨어와 서비스를 제공하는 기업인, 사바 소프트웨어(Saba Software)의 최고학습책임자이다.

조시아 오버 Josiah Ober는 뉴저지에 있는 프린스턴 대학의 데이비드 매기 고전학 교수이자 인간의 가치를 연구하는 대학 연구소의 이사를 맡고 있다. 저서로는 브룩 맨빌과 공동 집필한『A Company of Citizens: What the World's First Democracy Teaches Leaders About Creating Great Organizations』가 있다.

스털링 리빙스턴J. Sterling Livingston은 하버드 경영대학에서 25년간 재직했으며, 스털링연구소 소장이다. CAL사를 설립해 컴퓨터를 활용한 리더십 개발 방안을 연구하고 있으며, 하브리지하우스를 포함하여 여러 경영 자문 및 교육 기관을 설립하였다. 부하의 성과에 대한 상사의 기대가 가지는 영향력을 최초로 연구하여 이를 증명하였다.

차례 | 동기부여의 기술

발간사 ··· 4
저자 소개 ·· 12

1 CHAPTER 탁월한 리더들의 상황별 동기부여법 ············· 17
브론윈 프라이어

개인, 팀, 조직에의 동기 부여 | 시작은 언제나 진실로부터 | 위대함에 호소하라 | 자부심을 느끼게 하라 | 자신의 가치를 지켜라 | 반복해서 메시지를 전달하라 | 믿음을 갖게 만들어라 | 도전을 격려하라 | 직원들을 위한 배려 | 꿈을 꺾지 않고 현실을 고려하게 하라 | 발로 뛰어 다니면서 구하라 | 인센티브 제도의 차별화 | 힘들더라도 신속하게 추진하라

2 CHAPTER 마음의 발전기를 돌리기 위한
동기-위생 이론 ··· 39
프레더릭 허즈버그

동기부여의 내적 요소와 외적 요소 | KITA적 동기부여 | 긍정적 KITA의 여러 유형 | 동기-위생 이론 | 직무확충 프로그램을 중심으로 한 인사관리

3 CHAPTER 권력은 동기를 부여하는 강력한 무기이다 ······ 67
데이비드 맥클랜드, 데이비드 번햄

성취 욕구 vs. 권력 욕구 | 유능한 관리자의 조건 | 권력 욕구와 자기 제어 능력의 겸비 | 관리자의 세 가지 유형 | 조직형 관리자의 특성 | 관리 스타일 바꾸기

4 CHAPTER 문제 직원에게 동기를 부여하는 3단계 ············· 97
나이젤 니콜슨

문제 직원, 어떻게 해야 하나 | 익숙한 문제들 | 관리자들이 흔히 저지르는 실수 | 동기부여를 위한 새로운 접근 방식 | 1단계: 전체적 그림을 그려보라 | 2단계: 원래의 목표를 수정하라 | 3단계: 직원과 대면하는 자리를 만들어라 | 폭넓게 나타나는 효과

5 CHAPTER　MBO를 위한 제안: 누가 만든 목표인가 ·············· 127
해리 레빈슨
회사와 개인의 목표 | '이상적' 시스템의 허점 | 놓치고 있는 요소들 |
개인과 조직 사이의 이해관계 | MBO와 관련된 문제점의 해결 방안 |
직원의 개인적 목표 또한 고려하라

6 CHAPTER　최고의 인센티브 프로그램의 허점 ·············· 159
스티브 커
성과관리 시스템을 바꾸어라 | 행복한 돼지 | 최선을 다한 1년 | 문제
의 조짐 | 문제의 폭발 | 드러나는 진실 | 긴장된 순간 | 성과관리에
대한 전문가의 조언

7 CHAPTER　아테네에서 배우는 민주적 조직 구축 ·············· 189
브룩 맨빌, 조시아 오버
획기적 민주주의 시스템 | 고대 시대의 모델 | 시민사회의 구조 | 지
식경제 시대에 필요한 아테네 시스템

8 CHAPTER　신입사원을 키워주는 피그말리온 효과 ·············· 209
스털링 리빙스턴
개인의 기대가 타인의 행동에 미치는 영향 | 기대와 생산성의 상관관
계 | 기대가 가진 힘 | 입사 초년 시절이 미래 성과를 결정한다 | 신입
사원을 핵심인재로 키워라

출처 및 주석 ·············· 237

1

탁월한 리더들의 상황별 동기부여법

브론윈 프라이어
Bronwyn Fryer

요약 | 탁월한 리더들의 상황별 동기부여법

경영관리 분야에서 동기부여만큼 중요하면서도 어려운 주제가 또 있을까? 관리자는, 그 정의에 따르면 다른 사람들의 힘을 빌려 일을 처리하는 사람을 말한다. 그렇다면 어떻게 그러한 일이 가능한 것일까? 다른 사람에게 어떤 일을 하도록 동기를 부여하는 가장 보편적 방법은 설득, 격려, 강요를 적절하게 조합하여 사용하는 것이다. 그러나 뛰어난 경영자들은 이 방법을 전혀 사용하지 않는 것 같다. 그들은 가장 깊은 내면에 숨어 있는 동기, 필요성, 욕망을 자극함으로써 동기를 부여한다. 이러한 사실은 세계 최고의 경영자들을 대상으로 직원, 팀, 조직에 동기를 부여한 방식을 조사함으로써 얻어낸 결론이다.

이 질문에 대한 경영자들의 답변은 그들의 개성만큼이나 다양했다. 어떤 경영자들은 합리성과 질서에 대한 필요에 호소했다고 대답했다. 마텔(Mattel)의 로버드 에커트(Robert Eckert)는 일관적 메시지를 통해 직원들을 격려하는 방식을 강조하고 있다. HP의 칼리 피오리나(Carly Fiorina)는 우선 어려운 현실을 직시하고 난 뒤, 단계적 목표를 세우는 과정을 역설하고 있다. 유명한 해양학자 로버트 발라드(Robert Ballard), 화이자(Pfizer)의 CEO 행크 맥키넬(Hank McKinnell), BP 아메리카 사장인 로스 필러리(Ross Pillari)는 어려운 과제를 통해 직원들에게 강한 동기를 부여하는 방법에 대해 설명하고 있다. 그 외 인간의 내면에 관심을 기울이는 경영자들도 있다. BMW의 크리스토퍼 뱅글(Christopher Bangle)이 "특별하고 대단하고 오래 지속되는"이라고 표현했던 것처럼 이들은 인간의 성취 욕구에 초점을 맞추고 있다.

또한 매우 드문 경우도 있다. 다이얼(Dial)의 회장 허브 바움(Herb Baum)은 자신의 보너스를 털어 직원들 155명에게 각각 1000달러씩 지급하기까지 했다. 그는 이렇게 말했다. "경영자가 욕심을 줄이면 직원들도 모두 이를 인정하게 됩니다. 그러면 직원들의 소속감은 높아지고 그들은 결국 여러분을 위해 더 열심히 일할 것입니다."

탁월한 리더들의 상황별 동기부여법

개인, 팀, 조직에의 동기부여

　동기부여에는 결코 속임수가 통하지 않는다. 직원들에게 동기를 부여하기 위해서는 현재 처해 있는 상황에 대한 정확하고 올바른 이해, 개인 및 집단적 관점에서 인간의 변화에 대한 깊은 성찰, 현실적이면서 합리적 예상 및 목표의 설정, 그리고 눈에 보이는 인센티브와 보이지 않는 인센티브의 조화가 모두 필요하다. 또한 조직 내부에 긴장이 나타나거나 위기가 발생한 경우, 도전과 모험 정신이 힘을 발휘한다.
　동기부여에 관해 경영자들이 고민해야 할 질문들은 너무나 다양하고 복잡하다. 의욕 수준이 서로 다른 직원들, 또는 부서들을 어떻게 관리해야 할까? 수백, 수천 명의 사람들은 제쳐두고 단 한 사람의 행동에라도 영향을 주려면 어떻게 해야 하는 것일까? 그리고 특히 어려운 시기에 직원들이 열정과 헌신을 느끼게 하려면 어떻게 해야 할까?
　이러한 질문들에 대해 보다 현실적 대안을 찾아보기 위해 우리는 고등학교 교사, 해양 탐험가, 개썰매 챔피언을 포함한 아홉 사람의 리더들에게 과연 어떻게 개인, 팀, 그리고 조직에 동기를 부여할 수 있었는지에 대한 질문을 던져 보았다. 이제 그들의 대답을 들어보자.

시작은 언제나 진실로부터

칼리 피오리나는 캘리포니아 팰러앨토에 있는 휴렛팩커드의 CEO이자 회장이다.

나에게 있어 가장 큰 동기부여는 기업의 성장을 유지하면서 동시에 지금까지 밟아온 HP의 위대한 역사를 기반으로 오늘날 새로운 HP를 창조하는 것이었다. 그러기 위해서 나는 우선 사람들이 우리가 직면하고 있는 현실을 그대로 바라보도록 하였다. 다음으로 높은 이상을 수립하고 마지막으로 현실에서 이상으로 도약할 수 있는 실천적 단계를 마련하도록 했다.

사실 진실을 대하는 것은 고통스러운 일이다. 처음으로 HP 간부 700명과 함께 했던 회의를 떠올려 본다. 거기서 우리는 고객, 경쟁 상황, 기업 성과에 대해 현실적 평가를 내려 보았다. 어떠한 일이 직원들의 사기를 북돋거나 꺾는지에 대해 혼자만의 기준으로는 객관적 판단을 내릴 수 없다.

그래서 나는 직원들이 스스로 움직일 수 있도록 동기를 부여하기 위해 먼저 거울을 내밀었다. 우선 2년 전 HP 간부들이 회사에 대해 말한 내용들을 게시판에 붙였다. 그 중에는 HP가 너무 느리고 결단력이 부족하다는 지적도 들어 있었다. 그리고 고객들이 HP에 했던 좋은 말, 나쁜 말들도 나란히 붙여 두었다. 우리가 스스로에 대해 한 말들, 그리고 고객이 우리에게 한 말들을 눈앞에서 바라보면서 간부들은 비로소 진실을 받아들였다.

이러한 과정을 거쳐 진실을 받아들였다면 그 다음으로 이상적 목표를 세워야 한다. 그리고 진실과 목표 사이에 놓인 커다란 간격을 허물기 위해 미래지향적이면서도 단계적 방안을 마련해야 한다. 즉 우리에게는 목표를 향해 나아갈 수 있는 구체적 단계가 필요하다. 이러한 단계 설정을 통해 우리가 어디까지 왔으며 목표에 얼마나 가까이 왔는지를 직원들에게 상기시켜 줄 수 있다.

그 순간 나는 반짝이는 직원들의 눈빛을 느낄 수 있다. 솔직한 자기 대면, 목표 설정, 그리고 목표를 향한 단계적 프로세스를 통해 기업은 점진적으로 발전해 나갈 수 있다. 그리고 그 과정에서 기업의 관리자는 에너지를 얻는다.

위대함에 호소하라

크리스토퍼 뱅글은 독일 뮌헨에 있는 BMW 글로벌 디자인 책임자이다.

BMW 디자인 부서는 최근 난감한 문제에 봉착했다. 하지만 다행히 조직 전반에 에너지를 불어넣는 좋은 성과를 이끌어 낼 수 있었다. 당시 9월 개관을 앞둔 뮌헨의 모던 피나코텍(Pinakothek der Moderne) 미술관은 오프닝 행사에 맞춰 BMW가 상설 전시관에 작품을 전시해 달라는 제안을 해왔다. 하지만 설치 작업에는 엄청난 시간이 필요하고 우리는 유월에서야 제안을 받았기 때문에 승낙을 하기에는 상당히 어려운 상황이었다. 게다가 우리 디자인 부서는 당시 너무나 바쁜 상황이었다.

하지만 피나코텍 담당자는 다시 한 번만 검토해 달라고 요청을 했다. 그래서 나는 일단 미술관으로 가서 전시 공간을 확인해 보았다. 그때 문득 놀라운 아이디어가 떠올라 내 마음은 흔들리기 시작했다. 하지만 전시에 참가하기 위해서는 매출과 별로 상관이 없으면서도 비용이 엄청나게 들면서 골치가 아픈 디자인 프로젝트의 승인을 이사회로부터 받아내야만 한다.

나는 임원 회의에서 이렇게 호소했다. "여러분, 이번 프로젝트는 유럽에서 가장 최근에 지어진, 그리고 가장 규모가 큰 미술관과 함께 할 수 있는 일생일대의 문화적 기회입니다." 다행인 점은 예술은 언제나 사람들에게 강력한 동기를 제공한다는 사실이다.

역사에 길이 남을 위대한 프로젝트에 참여하고자 하는 임원진들의 욕망은 무척이나 강했다. 마침내 우리는 이사회의 승인을 받아냈고 즉시 작업에 착수했다. 위대하고 놀라운 프로젝트에 참여한다는 순수한 열정으로 우리 팀은 혼신의 힘을 바쳐 일했다.

프로젝트 제안을 받은 지 80일 만에, 이사회 승인을 통과한 지 50일 만에, 그리고 작품 컨셉을 확정한 지 겨우 40일 만에 우리는 미술관 오프닝에서 '자동차 디자인 예술(The Art of Car Design)'이라고 하는 거대한 설치작품을 선보였다. 10m×14m 크기의 이 화려한 설치물은 가공된 카라라 대리석 50톤, 비디오 클립을 상영하는 여섯 개의 스크린, 현란하게 작동하는 조명으로 구성되어 있다. 처음으로 작품을 본 한 임원은 내게 이렇게 말했다. "뱅글씨, 자신이 너무나도 자랑스럽겠습니다." 나는 이렇게 대답했다 "아닙니다. 자랑스러워해야 할 사람은 내가 아니라 이 작품의 후원자인 당신입니다."

자부심을 느끼게 하라

2002 올해의 교사로 뽑힌 천시 비치(Chauncey Veatch)는 캘리포니아 써멀에 있는 코첼라 밸리(Coachella Valley) 고등학교에서 학생들을 가르치고 있다.

나는 '호세'라는 학생을 보면 동기부여의 놀라운 힘을 떠올리게 된다. 나에게 동기부여란 학생들을 존경하고 그들에게 헌신할 수 있는 기회를 마련해 주는 일을 의미한다. 다른 많은 학생들처럼 호세 역시 남미에서 이주한 평범한 시골 가정 출신이었다. 3학년 2학기가 되어서 호세는 특별 교육 학생의 자격으로 내가 맡고 있는 미국 역사 시간에 참여했다. 하지만 그는 영어나 스페인어로 글을 쓰는 데 무척 서툴렀다. 게다가 학교에서 자주 말썽을 피웠다. 누군가가 그에게 "한판 붙자"라는 말을 하면 그는 학교생활에서 꼭 참여해야 할 중요한 행사에 대한 초대라고 생각하는 듯했다.

호세의 학습 의욕을 높이기 위해 나는 우선 그가 가져다 준 선물에 대해 고맙다는 말을 전했다. 호세는 글은 잘 못쓰지만 말하는 실력은 괜찮았다. 그래서 나는 호세가 자신의 생각을 글로써 잘 표현할 수 있게 해야겠다는 목표를 세웠다. 한편 그는 음악을 무척 좋아했고 특히 투팍 샤커라는 래퍼의 가사에 열광하고 있었다. 그래서 나는 랩음악에 대한 그의 관심을 미국의 인권운동과 연결시키는 시도를 해보았다. 수업시간마다 나는 팝 음악 가사를 다루었고 그때마다 호기심을 보이는 호세의 모습을 볼 수 있었다.

그 다음으로 호세가 친구들의 주목을 받을 수 있는 자리를 만들었다. 그 날은 내가 헌법에 의해 설립된 정부기관에 대해 설명을 하고 있었다. 호세는 갑자기 손을 번쩍 들더니 질문을 했다. "권력분립에 대해 쓴 프랑스 사람이 누구죠?" 나는 그가 무심결에 그 질문을 던진 것이 아니었음을 알아챘다. 그래서 나는 그에게 권력분립에 대해 아는 대로 설명을 해보라고 말했다. 호세는 이렇게 대답했다. "모두 알다시피, 입법, 사법, 행정 기관이 서로 힘의 균형을 이루어야 한다는 뜻 아닌가요? 그 중 하나가 너무 커지면 독재가 될 수 있으니까요." 나는 하던 말을 멈추고 그에게 이렇게 말했다 "호세야, 네가 말한 프랑스 사람은 바로 몽테스키외란다. 내가 학생들에게 가르치고자 하는 중요한 개념을 너는 이미 잘 알고 있구나!" 그 반의 친구들은 모두 일어나서 호세에게 박수를 보내 주었다. 호세의 친구들은 그가 그 동안 겪어왔던 어려움을 이제 극복했다는 사실을 잘 알고 있었기 때문이다.

자신의 가치를 지켜라

L. M. 베이커 주니어(L. M. Baker, Jr.)는 북캐롤라이나 샬럿에 있는 와코비아(Wachovia)의 회장이다.

사람들은 대부분 동기부여란 자신이 원하는 일을 다른 사람이 하도록 만드는 것이라고 생각하고 있다. 하지만 나는 동기부여의 비밀은 정직, 평등, 관용과 같은 기본적 가치를 지키는 것에 달려 있다고 믿고 있다.

나에게 가장 중요한 일은 스스로에게 동기를 부여하여 비즈니스의 최전선으로 달려 나가는 것이다. 어릴 적 나는 시인이 되고 싶어 했다. 대학에서 영어를 전공했지만 해병대의 일원으로 베트남전까지 참전했다. 제대할 무렵 내가 할 줄 아는 것이라고는 시를 쓰는 일과 야간전투에서 정찰을 도는 일뿐이었다. 그래서 결국 취직을 위해 결국 경영대학원에 들어가게 되었다. 35년전 이야기이긴 하지만 나와 아내는 그때 권력과 비즈니스 세상에서 흔히 볼 수 있는 탐욕에 대해 강한 불신감을 느끼고 있었다. 경영대학원을 졸업하고 첫 직장에 발을 들여놓으면서 나는 아내에게 비즈니스 분야에서 성공해 보고 싶다는 말을 했다. 아내는 내 말에 동의는 했지만 사실 직장인으로서의 삶이 우리가 간직하고 있던 가치를 허물어뜨릴지도 모른다는 점을 염려하고 있었다. 어쨌든 이러한 걱정은 뒤로 한 채 나는 은행원으로서 회사 생활을 시작했다. 그래도 나는 지난 세월 동안 내 자신의 기준과 가치를 한 번도 포기하지 않았다는 사실에 대해 다행이라고 생각한다. 그럴 수 있었던 것은 나 자신에게 그리고 남들에게 동기를 부여할 수 있는 비밀을 알고 있었기 때문이라고 생각한다.

반복해서 메시지를 전달하라

로버트 에커트(Robert A. Eckert)는 캘리포니아 엘세군도에 위치한 마텔의 CEO이자 회장이다.

조직이 어떻게 나아가고 있는지, 조직이 자신에게 무엇을 바라고 있는지, 그리고 어떤 미래가 기다리고 있는지에 대해 아무도 모르고 있다면 직원들은 조직을 위해 헌신할 수 없을 뿐만 아니라 헌신하려고도 하지 않을 것이다. 분기에 한 번씩 경영자가 직원들에게 형식적 연설을 하는 것만으로는 결코 동기를 부여할 수 없다. 경영자는 조직의 방향, 목표, 격려의 메시지를 매일 반복해서 그리고 다양한 형태로 직원들에게 전달해야 한다.

내가 마텔에서 근무하기 시작할 무렵, 우리 회사는 과도기적 상황을 맞이하고 있었다. 나는 많은 시간을 들여 기업의 간부들과 면담을 가졌다. 또한 직원들과 주주들에게 마텔이 지금 어디로 가고 있는지, 그리고 얼마나 발전할 수 있는지에 대해 설명하기 위해 많은 시간을 할애했다. 게다가 부지런히 출장을 다니면서 다양한 직원들을 만났다. 정기적으로 이메일을 업데이트해주는 프로그램을 개발하여 사용했으며 양방향 의사소통 시스템을 구축하기도 했다. 그리고 직원들의 메일 하나하나에 일일이 답변을 달아 주었다. 오늘날 마텔은 정상 궤도를 다시 회복했다. 그래도 의사소통에 대한 노력을 멈추지 않고 있다. 엘리베이터 안에서, 카페테리아에서, 차를 마시면서, 길을 걸으면서, 전화상으로, 비행기 안에서, 그리고 이메일을 통해 직원들과 대화를 주고받고 있다. 그리고 그 대화들은 언제나 우리 기업의 비전에 관한 일관적 메시지에 관한 것이다.

똑같은 말을 되풀이한다고 생각할 수도 있겠지만 꾸준하고 일관적 의사소통은 내가 주주들을 위해 할 수 있는 유일하고도 확고한 임무라는 사실을 나는 잘 알고 있다. 내가 직원들에게 회사가 돌아가는 상황에 대해 이야기를 들려주면 그들은 더 큰 소속감을 갖게 되며 무엇보다도 자신이 존경받고 있다는 느낌을 받게 된다. 그리고 이러한 느낌으로부터 직원들은 하루하루 최선을 다할 수 있는 동기를 부여받게 된다.

믿음을 갖게 만들어라

수잔 부처(Susan Butcher)는 1150km에 이르는 아이디타로드(Iditarod) 개썰매 대회에서 우승컵을 무려 네 번이나 차지한 영웅이다.

내가 동기부여에 대해 말할 때, 그것은 인간에 대한 것이 아니다. 내 개들에 관한 이야기이다. 실제로 개들은 매우 영리하다. 그래서 그들이 싫어하는 어떤 일도 시킬 수 없다. 그리고 개들을 믿지 않으면 개들도 주인을 따르지 않는다.

지금부터 1983년 아이디타로드 개썰매 경주에서 있었던 일을 말해 볼까한다. 당시 나는 초보 참가자였다. 그리고 길을 알려주는 표지판들은 제대로 설치되어 있지도 않았다. 결국 나는 길을 완전히 잃어버리고 말았다. 길을 찾기 위해 헤매다가 나는 무려 스물다섯 번이나 잘못된 길로 들어섰다.

개들은 더 이상 나를 믿지 않았다. 그들은 몇 번의 실수는 용서하지만 계속 반복될 경우 그 자리에서 그냥 멈추어 버린다. 그때 내게 그런 일이 벌어지고 만 것이다. 오랜 시도 끝에 나는 개들이 다시 움직이도록 만들었다. 하지만 30km 이상이나 내가 거꾸로 개들을 끌어야만 했다. 20위 아래로 처진 적도 있었지만 결국에는 아홉 번째로 결승점에 도착했다.

알래스카의 놈(Nome)이라는 지역에 들어섰을 때, 베테랑 썰매꾼들은 개들이 자신감을 잃어버렸기 때문에 더 이상 몰 수 없을 것이라고 말했다. 하지만 나는 개들이 잃어버린 것은 자신감이 아니라 나에 대한 믿음이라는 사실을 잘 알고 있었다.

그때 내가 할 수 있는 일은 개들이 다시 나에 대한 믿음을 가질 수 있도록 노력하는 것밖에는 없었다. 나는 개들에게 "미안해"라는 말을 가르쳤다. 내가 또 다시 실수를 했을 때, 그들의 잘못이 아니라는 점을 이해시키기 위해서였다. 그리고 명령들도 단순하게 만들어 예전에 비해 의사소통 방식을 보다 간편하게 했다.

그리고나서 극도로 힘든 지역으로 썰매를 몰아갔다. 이러한 과정을 통해 어떠한 어려움도 이겨낼 수 있다는 자신감을 개들에게 불어넣어 주고 싶었다. 또한 내가 그들을 믿고 있다는 점을 설득시키고 싶었다. 들판을 지나다가 위험 지대로 들어서는 경우, 나는 내 생각보다 개들의 선택을 따랐다. 예를 들어 살얼음판을 지날 때, 나보다 개들이 먼저 위험을 감지하곤 했다.

결승점에 도착할 즈음, 우리팀은 다시 자신감을 회복했다. 그리고 다음 해 경주에서도 동일한 팀으로 참가하여 일등에 약간 못 미친 2등을 차지했다. 1986년, 마침내 우리는 우승컵을 거머쥐었다.

도전을 격려하라

로스 필러리는 일리노이 워렌빌에 위치한 BP 아메리카의 사장이자 런던의 BP PLC 그룹의 부사장이다.

동기부여에서 가장 힘든 부분은 직원들 스스로 위험하다고 생각하는 일에 도전해 보도록 하는 것이다. 1990년대 초 나는 나의 인내력을 시험해 보는 과정에서 이 사실을 깨달았다.

당시 나는 BP의 리테일 사업부를 맡고 있었다. 어느 날 BP의 CEO인 로드 브라우니(Lord Browne)가 내게 BP의 연구개발 부서를 맡아달라는 제안을 했다. 아마 그는 내가 연구개발 부서의 성과를 높일 수 있는 적임자라고 판단한 모양이었다. 하지만 내게는 무모한 생각처럼 보였다.

나는 연구원이 아니라 마케터다. 기술적 용어와는 담을 쌓고 살았으며 게다가 수학자와 지리학자들로 구성된 연구개발 부서를 관리하기 위해서는 무엇을 알고 있어야 하는지도 감을 잡지 못하고 있었다. 이렇게 무모한 제안을 받아들여 내 경력에 오점을 남길 이유가 대체 어디 있단 말인가?

하지만 브라우니는 제안 자체에 대해서는 직접적 말을 하지 않았다. 다만 내 자신과 조직의 관점에서 위험하다고 생각하는 부분에 대해 내가 솔직하게 털어놓을 수 있도록 자리를 마련해 주었다. 그는 나 혼자서 모든 책임을 져야 하는 것은 아니라는 점을 강조했다. 결국 나는 그의 제안을 받아들이고 말았다. 그리고 연구개발 부서의 사업 성과를 높이는 데 크게 기여할 수 있었다. 내 경력을 모두 통틀어, 이번 일이 범위가 가장 넓은 과제가 아니었나 생각한다.

이 경험으로부터 나는 동기부여에 관한 기본적 신념을 얻었다. 그것은 바로 우리는 모든 위험을 없앨 수도, 없애기를 원하지도 않는다는 사실이다. 그러나 기업의 관리자는 개인이나 팀이 다소 힘든 목표에 도전할 수 있도록 도와줄 수는 있다. 이를 위한 가장 좋은 방법은 그 과제의 성공 가능성에 대해 직원들과 열린 자세로 솔직하게 대화를 하는 것이다. 대화를 통해 역할과 책임 범위를 분명하게 정의할 수 있고 팀 또는 조직 전반에 걸쳐 위험을 분산할 수 있으며 그리고 확실하고 실질적인 지원 방안을 마련할 수 있기 때문이다.

직원들을 위한 배려

허브 바움은 애리조나 주 스콧데일에 있는 다이얼의 회장이자 사장, 그리고 CEO를 맡고 있다.

연봉이 높은 기업의 고위 간부들은 일반 직원들이 얼마나 고생하고 있는지 잘 모른다. 하지만 기업이 직원들에게 관심을 가지고 있다는 것을 그들이 느낄 수 있도록 해야만 조직 전반에 자극을 주고 의욕을 불어넣을 수 있다.

나의 CEO로서의 경력은 퀘이커 스테이트 코퍼레이션(Quaker State Corporation)이라는 회사에서 시작되었다. 이 기업의 본사는 펜실베이니아 주 오일시티의 작은 마을에 있다. 마을 주민들과 이곳 출신의 직원들은 매우 신중한 스타일의 사람들이었다. 그들은 자신이 버는 돈 한푼에 대해서도 매우 감사해하고 있었다.

한 번은 동네 주민들과 함께 대화를 나눌 기회가 있었다. 거기서 나는 주민들이 아이들 운동화와 같은 생필품을 마련하기 위해 열심히 땀을 흘리고 있다는 사실을 알게 되었다. 나는 곧장 사무실로 돌아와 회사에서 받은 차를 도로 반납했다.

요즘 우리 회사의 직원들은 2만 5000~4만 5000달러의 연봉을 받아서 가족들을 부양하고 있다. 작년에는 500달러 정도의 보너스를 지급했다. 하지만 임원들의 경우, 이 정도 금액의 보너스는 흔히 있는 일이다. 나는 이사회에 건의해서 내 보너스를 털어 일반 직원들 155명에게 1000달러씩 지급하도록 하였다. 1000달러는 CEO에게는 아주 작은 금액에 불과하지만 월급을 쪼개서 아이들을 공부시키고 부모님의 병을 돌봐야 하는 직원들에게는 상당한 금액이다. 그래서 나는 기부를 결심했던 것이다.

경영자가 욕심을 줄이면 직원들도 이를 알아챈다. 그러면 그들의 소속감은 높아지고 그 만큼 기업을 위해 더욱 열심히 일을 한다. 11년의 세월 동안 우리 기업은 지금 가장 만족스러운 시절을 보내고 있다. 그리고 지금까지의 경험을 토대로 우리는 새로운 목표를 향해 달려가고 있다.

꿈을 꺾지 않고 현실을 고려하게 하라

마리오 마졸라(Mario Mazzola)는 캘리포니아 산호세에 있는 시스코 시스템즈(Cisco Systems)에서 최고개발책임자로 일하고 있다.

동기부여에서 가장 힘든 점은 우수한 직원들이 조직을 떠나지 않도록 하면서 그들에게 에너지와 흥미를 북돋울 수 있는 과제를 부여하는 것이다. 또한 직원들의 이상을 무너뜨리지 않도록 조심하면서 그들을 현실의 땅으로 부드럽게 내려오도록 만드는 일이다.

나는 열세살짜리 내 딸에게 이러한 시도를 해보았다. 내 딸은 수학을 좋아해서 가끔 혼자서 진도를 앞서 나가기도 한다. 딸애의 선행학습을 이끌어 주기 위해서는 학습에 대한 전반적 의욕을 불어넣어주는 일이 제일 중요하다.

내 딸이 수학 공부를 하는 모습을 가만히 살펴보면 필요하지도 않은 복잡한 공식들을 써서 문제를 풀고 있다. 그래서 나는 기본적 공식만 가지고도 문제를 쉽게 풀 수 있다는 사실을 보여주기로 했다. 예를 들어 미분계수와 같은 기본적 수학 개념에 관한 문제를 풀어보도록 했다. 이러한 훈련을 통해 내 딸은 원칙과 상상력, 그리고 자신감의 중요성을 깨닫게 되었다.

직장에서도 이와 같은 사례를 찾아볼 수 있다. 우리 부서에는 똑똑하면서도 의욕이 넘치는 기술자들이 많이 있다. 이들은 대부분 효율적이고 혁신적 방법을 기반으로 한 첨단 기술들을 스스로 개발하고 활용하고 있다. 하지만 문제는 고객 업체들이 아직까지 예전의 기술들을 고집하고 있다는 사실이다.

이러한 이유로 복잡한 문제들이 발생하기 시작했다. 하지만 나는 기술자들의 개발 의지를 꺾지 않기 위해 우선 그들의 창조적 노력에 진심으로 감사하는 마음을 전했다. 그리고 다음으로 기술자들과 고객 업체와의 만남의 자리를 만들었다. 거기서 기술자들은 고객 업체들이 겪고 있는 현실과 어려움을 이해하게 되었다. 기술자들은 이러한 기회를 통해서 새로운 의욕을 얻었으며 동시에 현실적 측면들까지 고려하는 노력을 게을리 하지 않게 되었다. 그들은 이제 혁신적이면서도 현실적 사항까지도 생각하는 기술 개발에 주력하고 있다.

발로 뛰어 다니면서 구하라

로버트 발라드는 타이타닉 호와 비스마르크 호, 그리고 PT-109를 발견한 해양탐사팀에서 활동하고 있다. 그리고 코네티컷의 비밀탐사 위원회(Institute for Exploration in Mystic)의 회장이자, 로드 아일랜드 인스티튜트(Rhode Island's Institute) 대학에 있는 해양 대학원의 해저고고학 분야 이사직을 맡고 있다.

우리는 주위에서 동기부여가 남을 구슬리거나 속여서 자신의 주장을 받아들이도록 하는 일이라고 생각하는 사람들을 쉽게 발견하게 된다. 하지만 곤경에 처하거나 응급 상황이 발생할 경우, 이러한 형태의 동기부여는 아무런 힘을 발휘하지 못한다.

긴급한 상황에서는 신속하게 문제해결 방법을 찾아내야 하고 그리고 그 즉시 문제해결에 착수해야 하기 때문이다. 리더가 제시한 해결책 이외에 다른 방도가 없다고 깨닫는 순간, 팀 구성원들은 즉각 움직이기 시작할 것이다. 그것도 아주 현명한 방식으로.

얼마 전 우리 팀에 이러한 상황이 닥쳤다. 당시 우리 팀은 수중 다이버들의 실제 모습을 영상에 담아 학습 자료로 제작하는 제이슨 프로젝트를 위해 갈라파고스 군도에서 수중 촬영을 준비하고 있었다. 촬영을 위해 우리는 600만 달러를 모아 이동통신 장비까지 마련했다. 에콰도르의 정부는 갈라파고스를 안내할 인양선을 지원하겠다고 제안했으며 우리는 흔쾌히 수락했다. 하지만 촬영을 일주일 앞두고 해안 약 1000km 지점에 있던 바지선이 침몰하는 사고가 터지고 말았다.

우리가 촬영 준비를 하고 있던 갈라파고스 군도는 매년 250만 명의 학생들이 공부를 하는 지역이다. 그렇기 때문에 나는 촬영을 취소한다는 생각은 꿈에도 하지 않았다. 우리는 결국 촬영에 필요한 자원들을 다시 조달하기로 결정을 했고 이를 위해 세상에서 가장 거대한 팀을 꾸렸다. 20명을 몇 개의 팀으로 나누어 구성하고 각 팀들은 대학, 기관, 정부, 개인 등 가능한 모든 곳에 연락하여 기부금을 받거나 자원을 빌렸다. 그 중 CIA는 우리에게 비행기를 빌려주기로 하였다. 이러한 노력으로 얻은 자원들을 우리는 일단 마이애미 창고로 집결시켰다. 그리고 이를 캘리포니아를 거쳐 에콰도르로 날랐다.

바지선이 가라앉은 지 일주일 만에 우리는 촬영을 재개할 수 있었다. 그리고 아무런 차질 없이 우리가 촬영한 자료들을 일선 학교들에 전달할 수 있었다. 이 경험을 통해 우리 팀은 앞으로 어떠한 문제가 발생하더라도 즉시 해결할 수 있다는 자신감을 얻었다.

인센티브 제도의 차별화

류촨즈(Liu Chuanzhi)는 아태지역 최대 PC업체인 중국 레노보(렌샹) 회장이다.

우리 기업의 숙제는 임원진, 관리자, 직원들이라고 하는 확실히 다른 세 그룹에게 동기를 부여하는 것이다. 각 그룹마다 서로 다른 기대를 하고 있고 서로 다른 인센티브 제도를 요구하고 있다.

우선 임원들은 기업에 대한 소유권을 요구하고 있다. 중국 정부가 소유하고 있는 기업들은 모두 공통된 문제점을 안고 있다. 그것은 국영 기업의 임원진들은 회사의 주식을 보유할 수 없다는 규정이다. 하지만 우리는 임원진들이 우리 주식을 보유할 수 있도록 하기 위해 기업의 소유 구조를 주식회사의 형태로 전환하는 혁신적 시도를 했다.

회사의 주식과 더불어, 임원진들은 사회적 유명세도 원하고 있다. 그래서 우리는 임원진들이 직접 언론과 접촉할 수 있는 통로를 마련해 두고 있다. 덕분에 우리 기업은 아직까지 단 한 명의 임원도 다른 회사에게 빼앗기지 않았다.

관리자들의 경우, 그들은 빨리 고위 간부로 승진하기를 희망하고 있다. 그렇기 때문에 그들은 자신의 역량을 개발하고 이를 조직에게 보여주기 위해 최선을 다한다. 그래서 우리는 관리자들에게 매우 높은 목표를 부여하고 있다. 또한 그들이 자신의 업무 내용을 직접 구성하게 하고 스스로 의사결정을 내리고 이를 추진하게 함으로써 기업의 전략적 프로세스에 참여할 수 있는 길을 열어두었다. 또한 성과에 따른 합리적 보상 시스템을 적용하고 있다.

한편 일반 직원들은 안정 지향적이다. 우리 기업은 직원이 책임감을 갖고 성실하게 업무를 수행하기만 한다면 합리적 선에서 충분한 보너스를 받을 수 있도록 인센티브 제도를 투명한 방식으로 구축해 놓았다. 또한 개별 팀 성과를 기업 및 사업부의 성과와 연계하여 평가하는 방식을 적용하고 있다. 예를 들어 각 업무 팀들은 기업이 제시한 일반적 지침을 기준으로 팀 전체 보너스 분배 구조를 자율적으로 결정할 수 있다.

힘들더라도 신속하게 추진하라

행크 맥키넬은 뉴욕에 있는 화이저 제약사의 CEO이자 회장이다.

기업들은 직원들이 목표를 향해 빨리 달려가도록 자극한다. 특히 목표 달성이 어려울수록 더욱 심하다. 하지만 조직 전체가 활발하게 돌아갈 수 있도록 직원들의 창의력과 협동 정신을 높이기 위해서는 직원들에게 자율권을 넘겨주는 중대한 결정을 내려야만 한다.

이러한 사실은, 2000년에 있었던 화이자와 워너램버트(Warner-Lambert) 간의 합병 사례를 통해 확인할 수 있다. 화이자는 워너램버트의 입찰을 따 냈지만 전체 조직은 인수합병의 과정에서 혼란에 빠지게 되었다. 인수팀들과 가진 맨 처음 회의에서 나는 최고 경쟁 업체가 그들의 인수합병 절차를 마무리 짓기 전에 우리가 먼저 새로운 조직을 구축하는 작업을 끝내야 한다는 점을 강조했다.

그리고 워너램버트와의 합병을 발표한 지 5개월 후, 우리는 효율적으로 비즈니스를 운영하고 최고의 성과를 올릴 수 있는 새로운 기업을 구축하기 위해 힘차게 달려가고 있다.

시간은 결코 우리들 편이 아니다. 전통적 절차에 따라서는 아무런 일도 추진할 수 없었다. 그래서 우리는 직원들의 행동이 통합의 이념, 성과, 그리고 사람에 대한 존경에 어긋나지만 않는다면 실수가 있다고 하더라도 신속하게 대처할 수 있는 자율권의 수준을 강화했다. 그리고 변화의 속도를 가속화함으로써 증오와 세력다툼, 그리고 '분석 작업에 의한 정체 현상'을 사전에 막았다.

예를 들어 미국 지역의 세일즈 부서들의 경우, 두 기업의 인수팀들은 모두 기업 운영 및 정책에 관하여 200개가 넘는 개선 방안을 제안했으며 우리는 그 아이디어 대부분을 승인했다. 결과적으로 두 기업의 유능한 직원들로 구성된 수백 개에 달하는 인수팀들은 스스로 두 조직을 완벽하게 결합하여 완전히 새로운 화이자를 탄생시켰다. 이 성과는 합병 발표 후 얼마 지나지 않아 이룩한 결과였다.

2

마음의 발전기를 돌리기 위한 동기-위생 이론

프레더릭 허즈버그
Frederick Herzberg

요약 | 마음의 발전기를 돌리기 위한 동기-위생 이론

'어떻게 하면 직원들이 따라오도록 할 수 있을까?' 이 질문은 경영자들에게 영원한 숙제이다. 동기부여의 심리학은 너무나 복잡하다. 아직까지 대부분 미지의 상태로 남아 있다.

밝혀진 부분이 그리 많지 않음에도 불구하고 경영자들은 동기부여라고 하는 숙제를 한 번에 말끔히 해결할 수 있는 만병통치약을 기대하고 있는 듯하다. 그리고 이와 관련된 다양한 이론이 계속 쏟아지고 있으며 일부는 학술적 근거까지 갖추고 있다.

어떤 직원이 일을 하도록 만드는 가장 확실한 방법은 말 그대로 KITA(kick in the asses, 엉덩이를 걷어차는 것)를 사용하는 것이다. 하지만 이 방법은 별로 고상하지 않다. 게다가 잘못하면 도리어 얻어맞을 위험도 있다. 그래서 기업들은 KITA를 승화된 방식으로 사용하고 있다. 즉 복지 수준을 높이거나 직원과 대화의 장을 마련한다.

학계와 경영계에 지대한 영향을 미치고 있는 프레더릭 허즈버그 교수는 동기를 내적 발전기로 묘사하고 있다. 그의 주장에 따르면 내적 발전기를 지닌 직원에게는 사실상 KITA는 필요가 없다.

성취, 인정, 업무, 책임감, 발전, 승진은 직원들에게 동기를 부여하는 요소이다. 허즈버그는 이러한 내적 요소들은 관리와 통제, 조직 구조, 근무 환경, 임금, 직위, 고용 안정과 같은 외적 요인들과 같이 업무 불만족과 관련된 외적 요소, 즉 KITA와는 다르다는 사실을, 동기-위생 요인 연구를 통해 보여주고 있다.

이 글을 통해 저자는 직원들에게 동기부여를 할 수 있는 직접적이고 실용적 방법을 소개한다. 여기서 소개하고 있는 개념들은 이미 많은 기업 및 조직들을 통해 검증되었기 때문에 과거의 잘못된 인식들을 바로 잡는 데 많은 도움을 줄 것으로 기대한다.

마음의 발전기를 돌리기 위한 동기-위생 이론

동기부여의 내적 요소와 외적 요소

　50~60년대에 걸쳐 허즈버그는 동기부여를 구성하고 있는 요소들에 대해 연구했다. 그 과정에서 경영자들의 호기심을 자극하면서도 당황하게 만들 수도 있는 이분법을 발견했다. 여기서 이분법이란 직원들의 업무 만족과 관련된 구성 요소들과 업무 불만족과 관련된 구성 요소들이 서로 다르다는 것을 의미한다.
　직원들이 불만족을 느끼는 이유에 대해 물어보면 짜증나는 상사, 낮은 연봉, 불편한 업무 환경, 불합리한 규범 등과 같은 것들을 듣게 된다. 기업이 이러한 외적 요인들을 제대로 관리하지 못하는 경우, 직원들은 불만족을 느낀다. 그리고 이는 곧바로 의욕 상실로 이어진다. 그러나 기업이 외적 요소들을 효율적으로 관리했다고 해서 직원들에게 동기를 더 많이 부여할 수 있는 것은 아니다. 직원들은 이러한 외적 요소들이 아니라 업무적 흥미, 도전, 권한 확대와 같은 내적 요소를 통해 동기를 부여받는다. 직원들은 마음 깊숙이 성취하고 발전하고자 하는 소망을 갖고 있으며 이러한 내적 요소를 충족시켜야 만족감을 얻을 수 있다.

허즈버그의 연구는 당시 학계와 경영계 전반에 걸쳐 영향을 미쳤다. 하지만 아직까지도 많은 기업들이 외적 보상이나 인센티브 프로그램에 주력하고 있는 것을 보면 그의 연구결과가 미국의 기업 환경에 깊게 침투하지는 못한 것 같다.

'어떻게 하면 직원들이 따라오게 할 수 있을까?' 수많은 기사, 책, 연설, 워크숍에서 그 해답을 찾기 위해 안간힘을 쓰고 있다.

동기부여의 심리학은 아주 복잡하다. 대부분 미지의 상태로 남아 있다. 밝혀진 부분이 그리 많지 않음에도 불구하고 경영자들은 동기부여 문제를 한 번에 해결할 수 있는 만병통치약을 기대하고 있다. 이와 관련된 다양한 이론이 계속 쏟아지고 있으며 그 중 일부는 학술적 근거까지 갖고 있는 듯하다. 이 글의 목적은 만병통치약을 주는 것이 아니다. 하지만 여기서 내가 소개하고 있는 개념들은 이미 많은 기업 및 조직들을 통해 검증되었기 때문에 과거의 잘못된 인식들을 바로 잡는 데 큰 도움을 줄 것으로 기대한다.

KITA적 동기부여

기업의 경영자들과 관리자들에게 동기부여에 대해 강의를 하면서 나는 그들이 재빨리 써먹을 수 있는 해결 방안을 원하고 있다는 사실을 알게 되었다. 그래서 이 글을 통해 직원들에게 동기부여를 할 수 있는 직접적이고 실용적 방법을 소개하고자 한다.

직원에게 어떤 일을 시키는 가장 간단하고 분명하고 직접적 방법은 무엇일까? 부탁을 해야 할까? 하지만 직원이 거부한다면 왜 거부하는지 알 아내기 위해 심리학적 분석을 해야 하는 것일까? 아니면 직원과 상담을 나누는 것은 어떨까? 하지만 그 직원을 설득시키지 못한다면 의사소통 전문가를 초빙해서 해결 방안을 찾아봐야 할 것인가? 금전적 인센티브는 어떨까? 여기서는 굳이 인센티브 시스템을 구축하고 관리하는 작업이 얼마나 복잡하고 어려운 일인지를 새삼 강조하지 않아도 될 듯하다. 그렇다면 직원들을 하나하나 붙잡고 교육을 실시해야 할 것인가? 하지만 이것은 너무 낭비적 방법이다. 여기서 필요한 것은 보다 간단한 해결책이다.

독자들 중에도 분명 "엉덩이를 걷어차란 말이야!"라고 고함을 치며 '즉각적 행동'을 지시하는 그러한 유형의 관리자들이 있을 것이다. 어떠한 측면에서 이러한 방법이 맞다. 엉덩이를 걷어차는 것만큼 확실하고 직접적 방식은 없다. 즉 흔히 말하는 KITA(kick in the asses) 역시 방안이 될 수 있다.

KITA에는 여러 가지 형태가 있다. 그 중 몇 가지를 살펴보자.

부정적 물리적 KITA

과거에는 말 그대로의 KITA를 사용했다. 하지만 이 방식에는 단점이 세 가지 있다. ① 고상하지 못하다. ② 기업이 추구하는 도덕적 이미지와 맞지 않다. ③ 폭력을 사용하기 때문에 직원을 흥분시켜 최악의 사태를 초래할 위험이 있다. 즉 직원이 당신의 엉덩이를 되레 걷어찰지도 모른다. 이러한 단점으로 인해 물리적 KITA는 최근 거의 사용하지 않고 있다.

심리학자들은 인간의 심리적 취약성을 적절하게 활용하면 무한한 성과를 얻어낼 수 있다는 사실을 밝혀냄으로써 물리적 KITA에 반대하는 사람들의 손을 들어주었다. 이제 직원들은 이렇게 불만을 토로한다. "내가 쓰던 깔개를 치워버렸어요.", "그게 무슨 의미인지 잘 모르겠어요.", "항상 날 감시하고 있어요." 직원들의 이러한 불평은 관리자가 물리적 KITA와는 다른 형태의 KITA를 사용하고 있음을 보여주고 있다.

부정적 심리적 KITA

심리적 KITA는 육체적 KITA보다 많은 장점이 있다. 첫째 폭력을 쓰지 않아도 된다. 직원의 상처는 마음속에만 있으며 또한 바로 드러나지도 않는다. 인간의 마음에 영향을 주는 것이기 때문에 사리분별이 있는 사람이라면 즉각적으로 달려들지 않을 것이다. 그리고 인간이 견뎌낼 수 있는 심리적 스트레스의 한계는 무한대에 가깝기 때문에 KITA의 수위를 점차 높여갈 수도 있다. 넷째, 물리적 KITA와 비슷한 방식으로 사용할 수 있다. 다섯째, 폭력을 사용하지 않고 직원들을 다스린다고 하는 일종의 자기 만족감을 느낄 수 있다. 물리적 KITA에 비해 한층 진보된 형태이다. 마지막으로 직원들이 피해를 입었다고 주장하더라도 구체적 증거를 찾기란 불가능에 가깝다. 기껏해야 상사가 편집증 환자라는 말만 하게 될 것이다.

그렇다면 부정적 KITA는 어떤 효력을 발휘할 수 있을까? 물리적, 심리적으로 직원에게 KITA를 가하면 그에게 동기를 부여할 수 있는 것일까? 하지만 여기서 실제로 움직이는 사람은 직원이지만 동기를 부여받는 사람은 바로 상사 자신이다! 즉 부정적 KITA는 직원을 움직이게 할 수는 있지만 동기를 부여하지는 못한다. 그래서 다음 단계의 KITA가 필요하다.

긍정적 KITA

동기부여의 뜻에 대해 한번 생각해 보자. 내가 여러분에게 "나를 위해 또는 우리 기업을 위해 이 일을 한다면 그 대가로 인센티브나 승진, 또는 적절한 보상을 제공해 주겠습니다."라고 말한다면 나는 과연 여러분들에게 동기를 부여하고 있는 것일까? 대부분의 경영자들은 이 질문에 대해 "네, 그렇습니다."라고 대답했다.

우리 집에는 나이 많은 슈나우저 한 마리가 살고 있다. 조그만 강아지였을 때, 나는 이 슈나우저를 움직이게 하기 위해 엉덩이를 걷어차곤 했다. 이것이 내가 강아지를 훈련시키는 방법이었다. 하지만 요즘에는 비스킷을 사용한다. 여기서 동기를 부여받는 주체는 누구일까? 강아지일까 아니면 나 자신일까? 여기서 또 한 번, 비스킷을 먹기 위해 움직이는 쪽은 강아지이지만 동기를 부여받는 쪽은 내 자신이 되어버렸다. 내가 강아지에게 비스킷을 주는 방법은 여기서 말하는 심리적 KITA에 해당한다. 걷어차는 방법 대신, 나는 강아지가 알아서 움직일 수 있도록 비스킷을 사용했던 것이다. 만약 기업이 이러한 형태의 긍정적 KITA를 사용하고자 한다면 엄청나게 다양하고 많은 비스킷(인간을 위한 젤리콩)이 등장하게 될 것이다. 경영자는 이를 직원들 눈앞에다 흔들어 대며 그들이 점프하도록 유인할 것이다.

긍정적 KITA의 여러 유형

그렇다면 왜 KITA는 직원들에게 동기를 부여하지 못하는가? 내가 슈나우저의 엉덩이를 걷어차면 벌떡 일어나 움직인다. 한 번 더 움직이게 하려면? 또 다시 걷어차면 된다. 마찬가지로 기업들 역시 직원들의 배터리를 충전시킬 수 있다. 배터리가 떨어지는 대로 계속해서 충전하기만 하면 되는 것이다. 하지만 이 방법은 동기부여라고 하는 발전기가 있는 직원들에게만 해당한다. 사실 이러한 직원들에게는 별다른 노력을 들이지 않아도 된다. 그들 스스로 일하기를 원하고 있기 때문이다.

이러한 점을 염두에 두고 직원들의 마음속에 '동기부여'를 서서히 심어주기 위해 개발된 인사관리 방안인 긍정적 KITA에 대해 살펴보도록 하자.

1. 근무 시간 축소

휴식을 주는 것! 이것 역시 동기를 부여하는 놀라운 방법 중의 하나이다. 공식적, 또는 비공식적으로 지난 50~60년간 근로 시간은 계속해서 줄어들었다. 그리고 주5일제까지 실시하고 있다. 이러한 변화가 다양한 형태로 나타나면서 근무 시간 외 여가 활동 프로그램들이 등장하기 시작했다. 이러한 변화 밑에는 함께 일하고 함께 즐긴다는 생각이 깔려 있는 듯하다. 이러한 사실로 볼 때, 동기부여가 된 직원들은 오히려 더 많은 시간을 직장에서 보내고 싶어 한다는 것을 짐작할 수 있다.

2. 임금 인상 시스템

지속적으로 증가하는 임금 인상 시스템은 동기부여에 기여를 하고 있는가? 그렇다. 직원들은 항상 다음에 자신이 받게 될 연봉을 기대하고 있다. 하지만 구시대적 경영자들은 아직까지도 직원들을 압박해서 일을 하도록 만들어야 한다고 생각하고 있다. 그리고 임금을 올려주어도 성과가 나지 않는다면 반대로 삭감해야 한다고 주장하고 있다.

3. 복리후생

최근 기업의 복리 수준은 요람에서 무덤까지를 외치고 있는 복지국가의 정책을 앞지르고 있다. 내가 알고 있는 한 기업은 비공식적으로 직원들의 '야외 활동'을 지원하고 있다. 그리고 여기에 들어가는 비용은 전체 임금의 25%에 달한다고 한다. 하지만 이 기업 역시 동기부여의 문제를 해결하지는 못하고 있다고 한다.

급여는 오르고 복지 수준은 높아졌음에도 불구하고 요즘 직원들은 예전에 비해 더 적게 일을 하려고 한다. 앞으로 이러한 흐름은 계속될 듯하다. 이제 복리후생은 특별한 혜택이 아니라 기업의 당연한 의무가 되었다. 주6일 근무는 비인간적 제도가 되었으며 하루에 10시간 이상 근무를 시키는 것은 가혹한 처사라는 비난을 받는다. 의료 혜택 역시 기업의 기본적 사항이 되었으며 스톡옵션은 특히 미국 기업들이 주로 추진하고 있는 기본적 사항이 되었다. 이러한 상황에서 복리후생 수준을 지속적으로 높이지 않는다면 직원들은 자신의 기업이 망해 가고 있는 것이 아닐까 의심하게 될 것이다.

오늘날 기업들은 끊임없이 생산을 하려고 하고 직원들은 끊임없이 쉬려고 한다. 경영자들이 이러한 사실을 깨달았을 때, 그들은 행동과학(behavioral science, 사회 및 조직을 관리하는 기술을 개발하기 위해 인간 행동을 체계적으로 규명하여 일반 법칙으로 정립하는 학문이다.-옮긴이)의 이론에 주목하기 시작했다. 기존의 방식보다는 인간적 측면을 강조하는 행동과학 전문가들은 기업들이 여전히 직원들을 제대로 대우하지 못하고 있다고 지적했다. 여기서 다음 단계의 KITA가 탄생한다.

4. 인간관계에 대한 교육

30년이 넘도록 강의를 해오면서 그리고 인적자원 관리 방식에 관한 수많은 사례들을 통해 나의 주제는 많은 비용이 드는 인간관계 프로그램으로 이동했다. 똑같은 질문은 여전히 반복되었다. 직원들에게 어떻게 동기를 부여해야 하는가? 이 질문에 대한 대답은 시간에 따라 변하고 있다. 30년 전에는 예를 들어 "바닥에 침을 뱉지 마세요."처럼 상사의 한 마디면 충분했다. 하지만 오늘날에는 세 번 정도 부탁을 한 뒤 화난 표정을 지어야만 비로소 효과가 나타난다.

하지만 인간관계에 대한 교육을 통해 동기를 부여하고자 하는 시도는 결국 실패로 끝이 났다. 그리고 상호간에 예절을 실천하는 과정에서 상사 또는 관리자들은 스스로에게 솔직하지 못하다는 느낌을 받았다. 그래서 한 단계 더 발전된 형태인 감수성 훈련(sensitivity training, 인간관계 개선이나 리더십을 개발하는 훈련- 옮긴이)이 등장했다.

5. 감수성 훈련

여러분은 자신을 얼마나 이해하고 있는가? 진심으로 다른 사람을 믿고 있는가? 그리고 가슴에 손을 얹고 다른 사람들과 협력 관계를 잘 유지하고 있다고 말할 수 있는가? 다섯 번에 걸친 감수성 훈련에도 불구하고 이러한 질문에 대한 대답이 별로 나아지지 않은 많은 사람들을 보면 사실 그 효과를 의심할 수밖에 없다.

이제 경영자들은 쉬우면서도 경제적인 사람 사이의 관계에 관한 KITA로부터는 지속적 효과를 얻을 수 없다는 사실을 깨닫게 되었다. 그리고 실패의 원인이 인간관계 KITA 자체에 있다기보다는 기업이 그러한 노력을 하고 있다는 사실을 직원들이 전혀 인식하고 있지 못하고 있기 때문이라는 점을 알게 되었다. 이제 다음 단계로 '과학적' 인정을 받은 새로운 KITA 개념인 의사소통이 등장한다.

6. 의사소통

기업의 새로운 시도를 조직 전체에 알리기 위해 기업의 경영자들은 교육 프로그램의 강사로 의사소통 전문가를 초빙하기 시작했다. 그리고 사보를 간행하고 발표를 위한 모임을 여는 것은 물론 의사소통에 관한 교육 및 다양한 홍보 작업을 추진했다. 심지어 사보 편집자들을 위한 국제위원회(International Council of Industrial Editors)도 등장했다. 그러나 동기부여에 대한 문제는 해결되지 않았으며 기업들이 직원들의 의견을 듣지 않고 있다는 지적은 여전히 계속되었다. 그리고 다음 단계의 KITA로 이동한다.

7. 쌍방향 의사소통

경영진은 직원들의 의욕을 조사하고 기획 제안 및 집단 참여 프로그램을 실시했다. 기업들은 직원들과의 의사소통 기회를 확대하고 직원들의 목소리에 귀를 기울이기 위해 노력하기 시작했다. 그럼에도 불구하고 동기부여에 관한 개선의 조짐은 보이질 않았다.

행동과학 전문가들은 이론과 실제 데이터를 다시 한 번 점검하였으며 인간관계에 대한 개념을 더욱더 확대해 나갔다. 그리고 상위 욕구(higher-order-need)를 연구하는 심리학자들은 동기부여의 문제를 해결할 수 있는 가능성을 언뜻 보여주기도 했다. 여기에 따르면 사람들은 모두 '자아실현'을 추구한다. 하지만 자아실현에 주목하는 심리학자들 역시 인간관계를 연구하던 심리학자들과 엄격하게 구분되지는 않는다. 그리고 또 다시 새로운 KITA가 등장한다.

8. 업무 참여

업무 참여 방식은 처음에 이론적 개념으로 등장했다. 하지만 이후 '직원들에게 큰 그림을 보여주는 방법'으로 발전했다. 예를 들어 조립 라인에서 매일 1만 개의 나사를 조이는 공장 직원에게 그가 시보레를 만드는 커다란 과정의 일부를 담당하고 있다는 사실을 알려주는 식이다. 아니면 직원들이 업무 과정에서 스스로 결정을 내리고 있다는 '느낌'을 갖도록 만드는 것이다. 이러한 접근 방식은 성취 그 자체보다 성취에 대한 느낌을 주는 것이 중요하다. 물론 이러한 느낌을 가능하게 하는 실제적 업무가 뒷받침되어야 한다.

하지만 동기부여의 문제는 아직도 해결되지 못했다. 직원들은 여전히 의욕을 느끼지 못하고 있으며 기업은 계속해서 새로운 KITA를 요구하고 있다.

9. 직원들과의 면담

1930년대 초 웨스턴일렉트릭의 호손 공장에서 실시한 실험은 면담 형태의 KITA를 체계적으로 도입한 초기 사례라고 할 수 있다. 이 실험을 통해 직원들은 기업의 합리적 운영 시스템에 비이성적으로 반응한다는 사실이 밝혀졌다. 이 실험에서 면담은 직원들이 자신의 문제를 털어놓음으로써 부담감을 덜어주는 역할을 하였다. 상담의 내용은 기초적 수준이었으나 그 성과는 놀라웠다.

하지만 면담 방식은 2차대전을 치르는 동안 많은 비난을 받았다. 상담 프로그램 자체가 조직 관리에 직접적 영향을 미친다는 사실이 밝혀졌던 것이다. 즉 일반적으로 상담자는 중립적 역할을 넘어서서 의뢰 직원의 문제해결에까지 관여하게 된다. 2차대전 이후 면담 방식의 부정적 측면이 부각되었지만 최근 새롭게 등장하고 있는 이론들과 함께 다시 주목을 받고 있다. 하지만 면담 방식 역시 다른 KITA와 마찬가지로 동기부여에 관한 기업의 고민을 해결해 주지 못하고 있다.

동기-위생 이론

동기부여의 문제를 해결하기 위한 오래된 질문을 이렇게 한번 표현해 보자. 어떻게 하면 직원들의 마음속에 발전기를 설치할 수 있을까? 이론적, 실천적 해답을 제시하기에 앞서 우선 내가 제기했던 동기-위생 이론(motivation-hygiene theory)에 대해 간략하게 살펴보도록 하겠다. 원래 이 이론은 기술자 및 회계사들을 대상으로 한 실험을 통해 탄생되었다. 이후 16개 이상의 서로 다른 조사 작업, 그리고 폭넓고 다양한 집단(공산주의 사회까지 포함하여)으로 확대되면서 직원들의 업무 태도와 관련하여 가장 많이 시행되는 실험으로 주목을 받고 있다.

다양한 조사 작업과 수많은 연구결과로부터 얻은 증거를 바탕으로 나는 업무 만족으로 이어지는 요인과 업무 불만족으로 이어지는 요인은 독립적이며 서로 다르다는 결론에 도달했다(표 2-1 '12회의 조사를 통해 밝혀진 업무 태도에 영향을 주는 요인' 참조). 이러한 관점에서 볼 때, 기업은 특정한 요인들이 동기 요인과 위생 요인 중 어디에 속하는지 먼저 판단해야 한다. 또한 만족 요인과 불만족 요인은 반대관계를 이루고 있지도 않다. 즉 업무 만족의 반대는 업무 불만족이 아니라 업무 만족의 '부재'인 셈이다. 마찬가지로 업무 불만족의 반대는 업무 만족이 아니라 업무 불만족의 부재이다.

일반적으로 만족과 불만족은 반대말이라고 생각하기 때문에 혼돈이 발생할 여지가 있다. 우리는 일상생활에서 만족을 주지 않는 것을 불만족스러운 것이라고 생각한다. 하지만 직원들의 행동을 분석하기 위해서는 일상적 의미에서 벗어날 필요가 있다.

인간의 욕구에는 두 가지가 있다. 첫 번째는 동물적 본능으로부터 나오는 욕구이다. 여기에는 주변의 고통으로부터 도피하기 위한 내적 욕구, 그리고 기본적 생물학적 욕구에 따라 조건화되고 학습된 욕구가 있다. 예를 들어 사람들은 배고픔이라고 하는 생물학적 본능으로 인해 더 많은 돈을 벌고자 하는 욕구를 갖고 있다. 여기서 돈은 실질적 동기로서 작용을 한다. 두 번째는 인간 고유의 특성으로부터 나오는 욕구이다. 여기에는 성취욕이나 정신적 발전을 추구하는 욕구가 있다. 자신의 성공을 가능하게 하는 과제는 성취욕을 자극하는 동기가 될 수 있다. 기업 환경에서 그 과제는 업무를 의미한다. 이와 반대로 기업 환경 속에는 고통을 회피하게 만드는 자극도 있다.

동기 요인에는 성취, 인정, 업무, 책임감, 발전, 승진 등이 들어 있다. 반면 업무 불만족으로 이어지는 외적 위생 요인(KITA)에는 기업 정책 및 관리, 통제, 대인 관계, 업무 환경, 임금, 지위, 고용 안정성 등이 있다.

1685명의 표본집단을 가지고 업무 만족 및 불만족을 유발하는 요인들을 분석한 결과는 다음 페이지에 있는 도표에 나와 있다. 여기서 주로 업무 만족으로 이어지는 요인들은 동기 요인이라고 하고 업무 불만족으로 이어지는 요인들을 위생 요인이라고 정의한다. 이 결과는 12회의 서로 다른 실험을 통해 나온 것이다. 조사 대상에는 일선 관리자, 전문직 여성, 농업 분야 공무원, 은퇴를 앞둔 고위 간부, 병원 유지보수 관계자, 생산 관리자, 간호사, 식품 관리사, 장교, 기술자, 과학자, 주부, 교사, 기술공, 여성 조립공, 회계사 및 핀란드 감독관과 헝가리 기술자들이 포함되어 있다.

우리는 이들에게 특정 항목들이 극도의 만족, 또는 극도의 불만족 중 어디에 속하는지에 대해 물어보았다. 도표에서 전반적인 '긍정적' 요인과 '부정적' 요인을 확인할 수 있다(한 가지 항목이 여러 가지 요인에 해당될 수 있기 때문에 위생 요인과 동기 요인의 백분율 합계는 100%가 넘는다. 예를 들어 승진 요인과 책임감 요인은 밀접한 관계가 있다).

표 2-1 12회의 조사를 통해 밝혀진 업무 태도에 영향을 주는 요인

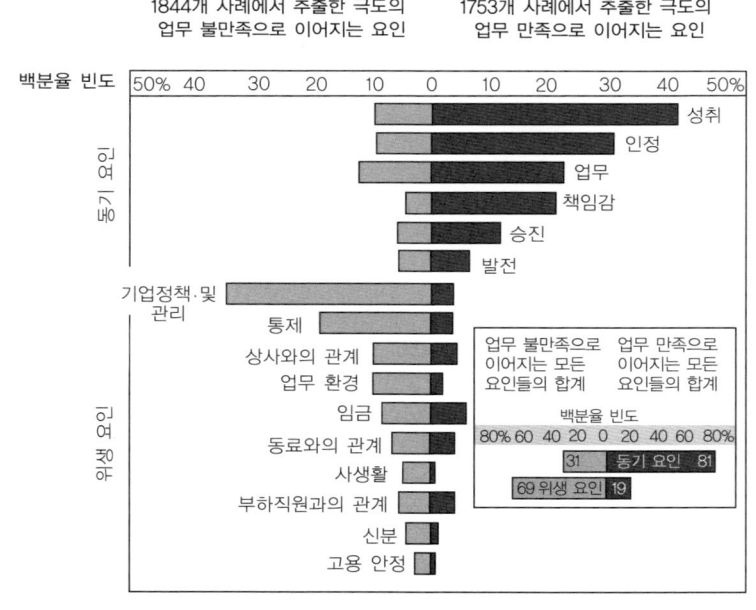

예를 들어 성취 요인이 부정적이라고 답한 사람들은 대개 "제가 맡은 업무를 제대로 처리하지 못해서 기분이 좋지 않습니다."라는 표현을 했다. 반대로 기업 정책 및 관리, 통제에 대해 긍정적 답변을 한 소수의 사람들은 주로 "제가 맡고 있는 업무가 조직화되어 더 이상 관계가 불편한 사람들에게까지 보고를 하지 않아도 되기 때문에 좋습니다."라는 반응을 보였다.

도표의 오른쪽 밑 네모 칸을 보면 업무 만족으로 이어지는 항목들 중 81%가 동기 요인에 해당하며 업무 불만족으로 이어지는 항목들 중 69%가 위생 요인에 속한다는 사실을 알 수 있다.

불변의 삼각형

인사관리는 세 가지 일반적 이론에 기반을 두고 있다. 첫째는 조직이론, 두 번째는 산업공학, 마지막으로 세 번째는 행동과학이다.

조직이론에서는 인간의 욕구는 비합리적이고 다양하며 상황에 따라 변하기 때문에 탄력적이고 실용적 방식으로 인사업무를 처리해야 한다고 주장한다. 이 이론에 따르면 업무 구조를 적절한 형태로 구축해야만 효율적 업무가 가능하다. 업무 태도는 과정의 문제로 등장한다.

산업공학에서는 인간이란 기계적 성향을 가지고 있으며 경제적 방식으로 움직이는 존재이다. 이 이론에 따르면 직원들 개인은 효율적 업무 시스템과 조화를 이루어야 자신의 욕구를 충족시킬 수 있다. 여기서 인사관리의 역할은 인센티브 프로그램을 가장 적절한 형태로 구축하는 것이다. 그리고 인간이라고 하는 기계를 효율적으로 활용하기 위해 업무 환경을 구체적으로 설계하는 일이다. 산업공학자들은 가장 효율적으로 기업을 운영할 수 있는 형태로 업무 활동을 구축함으로써 최적의 조직을 구성하고 최상의 업무 태도를 이끌어 낼 수 있다고 주장하고 있다.

행동과학에서는 조직의 정서, 개인의 태도, 기업의 사회적, 심리적 환경을 중요시한다. 여기서는 한 가지 혹은 그 이상의 동기 및 위생 요인을 강조하고 있다. 인사관리에 대한 행동과학적인 접근 방식은 건전한 업무 태도와 인간적 가치에 부합하는 기업문화를 점차 형성해 나가는 과정에서 인간관계 교육에 관한 방법을 일부 활용하는 것이다. 행동과학자들은 건전한 업무 태도를 통해 효율적 업무 및 조직 구조를 구축할 수 있다고 믿고 있다.

조직이론과 산업공학의 접근 방식을 중심으로 효율성에 대한 치열한 논쟁이 이어져 왔다. 표면적으로 볼 때, 두 접근 방식은 많은 성과를 이룩했다. 그러나 행동과학자들은 끊임없이 의문을 제기하고 있다. 이직률, 장기결근, 실수, 안전수칙 위반, 파업, 생산 제한, 고임금, 높은 수준의 복리후생처럼 결과적으로 기업에 막대한 부담을 안겨 주는 인사관리 방식에 따른 비용 문제는 어떻게 할 것인가? 그리고 다른 한편으로 행동과학자들은 자신들의 접근 방식이 이룩한 인사관리적 성과를 증명하기 위해 다양한 자료들을 꾸준히 제시하고 있다.

하지만 나는 여기서 동기-위생 이론을 바탕으로 업무 내용을 풍부하게 구축해야 인적자원을 효율적으로 관리할 수 있다는 점을 강조하고 싶다. 동기 요인을 가지고 직원들의 의욕을 높이기 위한 체계적 시도는 아직 시작 단계에 불과하다. 이와 관련하여 직무확충(job enrichment)이라는 개념이 있다. 또한 이보다 오래된 개념인 직무확대(job enlargement)라는 용어도 있다. 직무확대는 과거에 문제를 잘못 파악함으로써 나타난 개념이며 더 이상 바람직한 의미를 담고 있지 않다. 직무확대가 업무를 단지 양적으로 확장하는 것을 의미한다면 직무확충은 직원들에게 정신적 발전의 기회를 마련해 주는 것을 말한다. 하지만 아직 과학적 관점에서 직무확충은 다소 생소한 개념이기 때문에 여기서는 다양한 기업 관련 실험들을 통해 얻은 결론과 실용적 방안들에 대해서만 간략하게 살펴볼 것이다.

직무할당

직무확충이라고 하는 개념을 실현하기 위해 기업들은 특정 직원이 익숙한 업무를 통해 성장할 수 있는 기회를 제시하기보다, 그 업무에서 직원의 역할 범위를 줄이는 방식을 택하고 있다. 예전에 기업들이 직무확장 프로그램을 실시하는 과정에서 수평적 직무할당(수직적 직무할당, 동기요인의 제공과 반대말)이라고 하는 문제점이 지적되었다. 수평적 직무할당은 특별한 의미 없이 단지 업무의 양을 늘리는 것을 말한다. 수평적 직무할당의 사례와 그 영향에 대해 한 번 살펴보도록 하자.

- 생산목표를 높여 과제를 부과하는 방식. 한 사람이 하루에 1만 개의 나사를 조이는 경우, 2만 개로 올리는 것이다. 수식으로 표현하자면 $0 \times 0 = 0$이다.
- 기존의 반복적 업무에 의미 없는 또 다른 업무를 추가하는 방법. 이는 $0 + 0 = 0$으로 표현할 수 있다.
- 직무확충을 위해 다양한 업무를 순환하여 배치하는 방법. 이 아이디어는 오늘은 접시를 닦다가, 내일은 은수저를 닦는 일과 같다. 기존의 0 대신 다른 0으로 대체하는 것이다.
- 업무상 어려운 부분을 제거하여 직원들이 과제를 더욱더 많이 하도록 만드는 방식. 이것은 전통적 산업공학적 접근 방식으로서 직원들의 성취욕을 감소시키는 결과를 낳는다.

위와 같은 방법들은 직무확충을 위한 브레인스토밍에서 자주 등장하는 대표적 수평적 직무할당의 사례들이다. 수직적 직무할당은 아직까지 제대로 실현되고 있지 않으며 기업들은 막연한 시도만 하고 있다. 다음에 나와 있는 두 번째 도표를 보면 수직적 직무할당을 실현할 수 있는 일곱 가지의 준비 과제를 확인할 수 있다.

성공 사례

성공적 직무확충 사례를 통해 수직적 직무할당과 수평적 직무할당의 차이점을 확인해 보도록 하자. 이번 사례는 대기업의 주주들이 서면으로 보내는 질의서에 대해 답변하는 서비스를 맡고 있는 통신원들을 대상으로 한 것이다. 객관적으로 볼 때 아주 꼼꼼한 방식으로 선발된, 교육 수준이 높은 통신원들의 업무는 어려우면서도 도전 정신이 필요한 과제였다. 하지만 오랜 시간이 지나지 않아 성과지표와 직무 태도는 대부분 매우 낮은 것으로 나타났으며 퇴직자 면접을 통해 업무와 관련된 도전 과제는 형식적인 것에 불과했다는 사실이 밝혀졌다.

우리는 통신원들을 대상으로 표본집단을 선택하여 직무확충에 관한 실험을 실시했다. 우선 표본집단은 성취집단으로서 두 번째 도표에 열거된 원칙들을 기반으로 직무확충 프로그램을 실시하여 성과를 개선하는 주체 그룹이다. 반면 두 번째 그룹인 대조집단(동일한 실험에서 실험 조건을 적용하지 않는 집단-옮긴이)의 통신원들은 기존 업무를 그대로 진행하였다. (이 실험에는 호손 효과(Hawthorne effect) 여부를 검토하기 위한 두 개의 중립 집단이 더 있다. 호손 효과란 기업이 특별한 시도를 통해 직원들에게 관심을 더 많이 주고 있다는 인식만으로 직원들의 업무 생산성 및 업무 태도가 향상되는 심리학적 현상을 말한다. 결론적으로 말해서 중립집단의 성과는 대조집단과 다르지 않은 것으로 나타났다. 보다 간단하게 설명하기 위해 여기서는 중간집단에 대해서 언급하지 않고 있다.) 성취집단과 대조집단 모두 위생 요인에는 아무런 변화를 주지 않았다. 다만 정기적 임금 인상과 같이 일반적으로 일어나는 사항들은 자연스럽게 내버려 두었다.

처음 두 달에 걸쳐, 표 2-2의 일곱 가지 원칙을 성취집단을 대상으로 평균적으로 한 주에 하나씩 도입하였다. 그리고 6개월 이후, 성취집단의 성과가 대조집단보다 향상된 것으로 드러났다. 직원들의 업무호감도 역시 증가했다. 무단결근도 줄어들었으며 자연스럽게 승진 비율도 높아졌다.

이러한 결과는 표 2-3에서 확인할 수 있다. 표 2-3은 실험을 시작하기 이전인 2월과 3월, 그리고 실험 기간 중 매월 말에 조사한 것을 기록한 것이다. 주주서비스지표(shareholder service index)는 정보의 정확성은 물론, 편지의 내용 및 주주들의 서신 질문에 대한 답변의 처리 속도 등을 기준으로 하고 있다. 매월 기록된 지표는 한 달, 그리고 두 달 전의 값과 함께 평균화되어 나타난 수치이다. 그렇기 때문에 이전 수치가 나쁠 경우 지표의 증가는 더디게 나타난다. 총 6개월간의 실험이 시작되기 이전에 '성

표 2-2 수직적 직무할당 원칙

원칙	관련된 동기 요인
A. 업무 권한은 그대로 두고 관리, 감독만 제거	책임감, 성취
B. 직원의 업무 권한을 확대	책임감, 인정
C. 업무 전체를 맡김(생산 단위, 부서, 분야 등)	책임감 성취, 인정
D. 업무와 관련된 권한을 추가. 자율성을 높임	책임감, 성취, 인정
E. 상사가 아닌 직원이 직접 활용할 수 있는 정기적 보고서 작성	내부적 인정
F. 기존에 없었던 새롭고 어려운 과제를 제시	발전, 학습
G. 구체적이고 특화된 과제를 할당하여 해당 직원을 전문가로 양성	책임감, 발전, 승진

취집단' 의 성적은 별로 좋지 않았다. 그리고 실험이 시작되면서 동기 요인들을 도입하자, 지표는 오히려 더 떨어졌다. 이러한 현상은 업무 변화에 따른 불확실성이 일시적으로 작용한 것으로 볼 수 있다. 하지만 3개월 이후, 지표는 다시 회복되었으며 향후 지속적으로 높아졌다.

표 2-4에서는 두 집단의 업무 태도 변화를 확인할 수 있다. 이 도표는 실험 직전인 3월 말, 그리고 9월 말에 조사한 수치를 나타내고 있다. 우

표 2-3 실험에서 나타난 성과지표

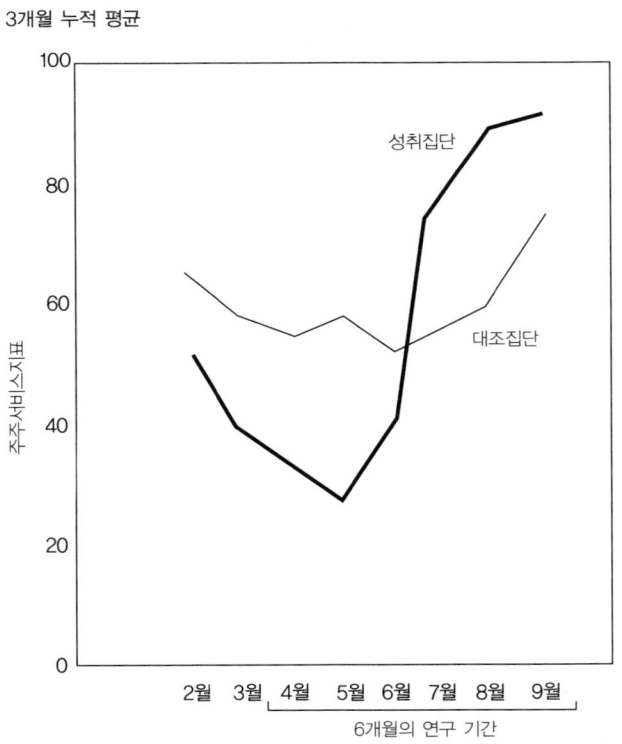

리는 두 집단의 통신원들에게 동기부여에 관한 16개 항목들을 물어보았다. 그 중 대표적으로 "업무를 통해 조직에 기여할 수 있는 기회가 얼마나 많이 있습니까?"라는 질문을 들 수 있다. 답변의 범위는 1~5이며 만점은 80점이 된다. 그 결과 성취집단의 업무 태도는 매우 긍정적으로 변화한 반면, 대조집단은 변화가 없는 것으로 밝혀졌다(도표상 하락한 것으로 보이지만 통계적으로 의미 있는 수치는 아니다).

표 2-4 실험에서 나타난 업무 태도의 변화

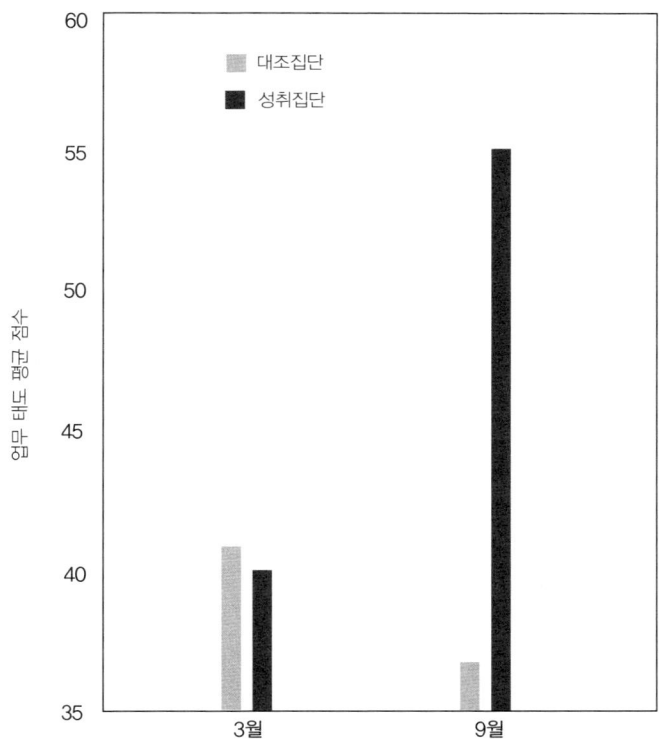

실험 전 평균 점수, 그리고 실험 이후의 평균 점수

실험에 참여한 직원들의 업무는 어떻게 달라졌을까? 표 2-5는 수평적 직무할당이라고 분류된 항목과 그리고 성취집단의 업무로 통합된, 실질적 수직적 직무할당의 항목들을 정리해 놓고 있다. '수직적 직무할당의 채택'에서 오른쪽의 '원칙'에 해당하는 알파벳들은 표 2-2에서 제시한 원칙에 해당하는 것이다. 그리고 '수평적 직무할당 제거'에 해당하는 항목들은 내가 앞서 언급한 일반적 현상들과도 밀접한 관련이 있다는 사실을 확인할 수 있다.

표 2-5 실험에서 나타난 통신원의 직무확대 및 직무확충

수평적 직무할당 제거	
항상 달성이 힘든 업무량을 기준으로 매일 처리해야 할 편지의 양을 책정하였다.	
통신원들이 편지를 직접 작성하고 타이핑까지 하였으며 서기 업무도 처리했다.	
몇몇 통신원들이 까다로운 편지들을 전담해서 처리했기 때문에 나머지 통신원들은 더욱더 많은 편지들을 처리할 수 있었다. 전담 직원은 교대로 바뀌었다.	
통신원들은 여러 부서를 돌아가면서 다양한 고객들의 문제를 처리하였고 이후 다시 원래 부서로 복귀하게 된다.	

수직적 직무할당 채택	원칙
문제가 발생할 때마다 관리자의 도움을 요청하는 대신, 부서 내부에서 주제별로 전문가를 선정하여 다른 직원들을 지원하도록 하였다. (그 전에는 관리자가 모든 어려운 문제들을 처리했다.)	G
자신이 처리한 편지에 통신원이 직접 서명을 한다. (예전에는 관리자가 모든 편지에 서명을 했다.)	B
숙련된 통신원의 경우, 관리자는 확인 작업을 대부분 생략했으며 그 직원의 책상 위에서 모든 작업이 마무리되었다. 확인 작업의 비율은 100%에서 10%로 줄어들었다. (이전에는 관리자가 모든 편지를 일일이 확인하였다.)	A
대부분 '쉬지 말고 열심히 일하자.'와 같은 결론으로 끝나는 잦은 성과개선 회의는 점차 사라졌다. (예전에는 업무량에 대한 압박이 항상 있었다.)	D
작업을 마친 편지는 관리자를 거치지 않고 곧바로 우편 발송실로 보내졌다. (이전에는 관리자가 발송 업무를 모두 처리하였다.)	A
통신원들에게 보다 개성 있는 형태로 편지를 쓰도록 권장했다. (예전에는 표준적 형태로만 작성해야 했다.)	C
답변의 수준과 정확성에 대한 책임은 개별 통신원들의 몫이었다. (기존에는 관리자나 교정자들이 모든 책임을 졌다.)	B, E

직무확충 프로그램을 중심으로 한 인사관리

지금까지 동기 요인에 대한 개념을 실무적 차원에서 살펴보았다. 이제 기업의 경영자가 직원들과 함께 밟아나가야 할 단계에 대해 살펴보자.

1. ① 산업공학적 차원에서 비용이 너무 많이 들지 않고 ② 업무 태도가 낮게 형성되어 있으며 ③ 위생 요인에 많을 비용을 투자하고 있는 ④ 그리고 동기부여를 통해 성과를 높일 수 있는 업무들을 선정한다.
2. 일단 해당 업무를 선정하였다면 개선이 가능하다는 확신을 가지고 접근해야 한다. 오랜 기간을 통해 변화를 지속함으로써 관리자들에게 기업의 시도가 아주 중요한 것이며 직원들을 자극할 수 있는 유일한 해결책이라는 믿음을 줄 수 있다.
3. 실용적 측면에 대한 걱정 없이 브레인스토밍을 통해 직무확충에 기여할 수 있는 모든 아이디어들을 끄집어낸다.
4. 실질적 동기 요인보다 제거 가능한 위생 요인들의 목록을 작성한다.
5. '더 많은 책임감을 부여하기' 와 같이 현실적 점검이 힘든 추상적 항목들에 대한 목록을 작성한다. 이러한 항목들은 당연한 것처럼 보이지만 현실적으로 동기 요인에 아무런 기여를 하지 못하고 있다. 합리적이고 조직적인 노력은 이제부터가 시작이라는 점을 잊지 말자. 오늘날 기업들은 '책임감', '승진', '성취', '도전' 과 같은 동기 요인들을 마치 찬송가처럼 불러대고 있다. 하지만 이러한 경향은 애국심보다 국기에 대한 맹세를 더 중요시하는 것, 즉 실질보다 형식을 더 중시하는 문제점을 드러내고 있는 것이다.
6. 제거 가능한 '수평적' 직무할당의 목록을 작성한다.
7. 직무확충의 대상이 되는 업무를 직접 담당하고 있는 직원의 참여는 배제하

는 편이 좋다. 그 직원이 제기해 왔던 아이디어를 가지고 변화의 방향을 가늠해 볼 수도 있을 것이다. 그러나 그 직원이 직접 참여하게 되면 인간관계적 위생 요인과 관련된 업무에 부작용을 미칠 수 있다. 게다가 그 직원에게 기여에 대한 부담감만을 주게 될 것이다. 업무 형태는 변화하지만 정작 동기를 부여하는 것은 업무 구축에 포함된 업무 태도나 성과가 아니라 업무의 내용이다. 업무를 새롭게 구성하는 작업은 사실 많은 시간을 필요로 하지 않는다. 동기부여의 과제는 이러한 업무 구성이 끝난 후, 직원들의 반응에 달려 있다. 업무 구성에 참여하는 것은 단기적 활동에 불과하다.

8. 직무확충의 초기 단계에서 실험을 실시한다. 이 실험에는 적어도 둘 이상의 평등한 집단이 필요하다. 하나는 실험 기간 동안 동기 요인을 체계적으로 적용할 성취집단이고 다른 하나는 어떠한 변화도 주지 않는 대조집단이다. 단, 실험 기간 동안 발생하는 위생 요인의 변화는 자연스럽게 두어야 한다. 실험 결과를 평가하기 위해서 도입 직전과 도입 직후 성과 및 업무 태도에 대한 조사를 해야 한다. 전반적 위생 요인에 대한 인식과 자신의 업무에 대한 인식을 구분하기 위해 업무 태도에 대한 조사는 동기 요인에 관한 항목으로 제한해야 한다.

9. 실험을 시작한 몇 주일 동안 성과가 하락할 수 있다. 이는 업무 변화로 인한 일시적 효율성 감소로 받아들여야 한다.

10. 일선 관리자들은 기업의 이러한 시도에 대해 우려나 적대감을 드러내기도 한다. 부서의 성과가 더 악화될 수도 있다는 두려움도 느끼게 될 것이다. 또한 스스로 모든 결과를 책임져야 한다는 압박감에 적대감이 생겨난다. 이러한 경우, 관리자에 대한 임무는 성과를 높이기 위한 과제 검토에만 국한시켜야 한다.

이러한 시도가 성공적으로 끝난 뒤에야 관리자들은 예전에 알지 못했던 상사로서 그리고 관리자로서의 역할을 찾을 수 있다. 또는 예전에 직원들 관리에만 신경을 썼던 나머지, 미처 발견하지 못했던 자신만의 역할을 발견하게 될 것이다. 예를 들어 내가 알고 있는 어느 대형 화학회사의 연구개발 부서의 경우, 실험실 보조들을 담당하는 관리자들은 형식적으로 교육 및 평가 업무를 처리하고 있었다. 그들의 활동은 실질적 성과 없이 관성적으로 이루어지고 있었다. 하지만 직무확충 프로그램 이후, 실험실 보조 관리자들은 업무 시간에 성과를 검토하고 교육 관련 업무를 실질적으로 처리할 수 있게 되었다. 또한 프로그램을 추진하는 과정에도 연구실 보조의 성과를 수동적으로 점검하는 관찰자의 위치에서 탈피하여 보다 적극적 역할을 수행했다.

여기서 다루고 있는 직원 중심의 관리 방식이란 관리자에 대한 교육이 아니라 직원들이 맡고 있는 업무 내용을 변화시킴으로써 이루어질 수 있다.

직무확충은 일회적 사건이 아니라 지속적으로 관심을 기울여야만 하는 과제이다. 직무확충을 통해 얻은 성과는 향후 오랫동안 지속되도록 신경을 써야 한다. 여기에는 몇 가지 이유가 있다.

- 변화를 위해 실시한 시도의 수준에 맞게 업무 수준을 높여야 한다.
- 변화의 과정에서 유능한 직원들이 더 잘 따라 올 것이다. 결과적으로 그들은 향후 더 많은 승진의 기회를 갖게 될 것이다.
- 위생 요인과는 반대로 동기 요인은 직원들의 업무 태도에 장기적 효과를 가져다 줄 수 있다. 그 과정에서 직무확충에 대한 요구는 계속적으로 발생할

것이다. 물론 위생 요인과 관련된 요구만큼 자주 나타나지는 않을 것이다.

모든 업무를 대상으로 직무확충을 실시할 수 있는 것은 아니다. 또한 반드시 그렇게 해야 할 필요도 없다. 하지만 현재 위생 요인에 투자하고 있는 시간의 일부만이라도 직무확충 프로그램에 투자한다면 직원들의 만족감을 높이고 경제적 성과도 높일 수 있을 것이다. 이는 결국 기업 및 사회가 인사관리를 개선함으로써 얻을 수 있는 가장 큰 성과 중 하나가 될 것이다.

직무확충에 대한 논란은 아주 단순하게 요약될 수 있다. 특정 업무를 맡고 있는 직원들을 활용하면 된다. 그 직원들을 활용할 수 없다면 그들을 해고하고 자동화 시스템을 도입하거나 능력이 낮은 다른 직원들을 채용해라. 그 직원들을 활용하지도 해고하지도 못한다면 동기부여에 관한 문제는 계속 남아 있을 것이다.

3

권력은 동기를 부여하는 강력한 무기이다

데이비드 맥클랜드
David C. McClelland

데이비드 번햄
David H. Burnham

요약 | 권력은 동기를 부여하는 강력한 무기이다

　오늘날 기업 내 압력은 증가하고 있으며 이 압력은 점차 아래 직급으로까지 영향을 미치고 있다. 이러한 분위기에서 권력을 추구하는 자세는 시대에 다소 뒤떨어진 것처럼 보인다. 그러나 1976년 『하버드 비즈니스 리뷰』에 실렸던 이 글에서는 권력을 경영관리에 아주 중요한 요소로 강조하고 있다.

　실제로 대기업에서 근무하고 있는 관리자들에게는 권력 욕구, 즉 다른 사람에게 영향력을 행사하려는 욕구가 성취 욕구나 친화 욕구보다 훨씬 중요하다. 반면 중소기업에서는 성취 욕구가 가장 중요하다. 하지만 성취 욕구가 높은 대기업 관리자들은 직원들에게 업무를 할당하기보다 본인 스스로 모든 일을 처리하고자 하는 문제점을 종종 드러낸다. 그리고 인간관계를 가장 중요시하는 친화적 관리자는 특정 직원의 요구 사항을 위해 기준을 무시하면서까지 예외를 만드는 실수를 저지르곤 한다. 이럴 때 일반적으로 다른 직원들은 관리자의 처사에 대해 부당하다고 느낀다.

　여기서 권력 욕구란 자신의 성공에만 집착하는 이기심이 아니다. 기업의 발전 대신 자신의 출세만을 위해 권력을 추구하는 사람들은 조직이 아니라 자신에게 충성하는 직원만을 옆에 두려고 한다. 이러한 경우 조직 전반의 효율성은 떨어질 수밖에 없다. 그리고 권력 추구는 권력 남용과는 다르다. 직원들의 의욕과 매출 실적 사이의 상관관계를 분석해 보면 수직적 관리 체계가 민주적 체계에 비해 효율이 떨어진다는 사실을 확인할 수 있다.

　이 글의 저자들은 연구를 통해 권력이 경영관리에 기여하는 역할에 대해 확인하고 있다. 또한 관리자들 스스로 자신의 동기와 관리 스타일을 보다 정확하게 파악할수록, 자신의 잠재력을 더 많이 실현할 수 있다는 사실을 보여주고 있다. 이들이 제시하는 다양한 사례들을 통해 유능한 관리자를 발굴하고 기존 관리자의 역량을 끌어올리는 비결에 대해 배우게 될 것이다.

권력은 동기를 부여하는 강력한 무기이다

성취 욕구 vs. 권력 욕구

동기부여라고 하는 주제를 다루는 『HBR』 논문들 대부분은 관리자들이 다루어야 할 직원들에 대해서만 이야기하고 있다. 이상하게도 관리자들, 즉 이 책을 읽고 있는 독자들은 기업의 목표와 당연히 조화를 이루고 있기 때문에 따로 생각할 필요가 없다는 전제를 깔고 있다. 그러나 맥클랜드와 동료 번햄은 바로 이 전제를 파헤쳐보고 있다.

이 두 사람은 기업 관리자에는 세 가지 유형이 있다는 사실을 확인했다. 첫 번째 유형은 친화형 관리자이다. 그들은 업무보다 인간관계를 우선시한다. 목표달성보다는 자신의 인기 관리를 위해 노력한다. 두 번째 유형은 성취형 관리자로서 목표달성을 통해 동기를 부여받는 사람들이다. 이들은 남들의 생각에 개의치 않는다. 이 유형의 관리자들은 오직 목표를 세우고 이를 달성하기 위해서만 노력한다. 하지만 이들이 가장 우선시하는 것은 자신의 성공과 인정이다. 세 번째 유형은 조직형 관리자들이다. 이들은 권력을 가장 우선시한다. 주변 사람들에게 영향을 미치는 행동을 의미 있게 생각하면서 개인적 성공을 위해 권력을 추구하기보다는 조직 내에서 자신의 영향력을 키워나갈 수 있기를 바란다. 비즈니스 세계에서는 세 번째 유형이 가장 뛰어난 관리자라고 할 수 있다. 그들은 책임감이 강하고 조직에 직접적 기여를 한다. 그리고 기업의 목표를 분명하게 이해하고 있으며 효율적 팀워크를 만들어 낸다.

무엇이 유능한 관리자를 만드는 것일까? 또한 어떻게 하면 관리자들에게 동기를 부여할 수 있을까? 이 질문은 너무나 추상적이다. 어떤 사람들은 좋은 관리자란 기업에서 성공한 사람들이라고 말한다. 비즈니스 분야의 학자 및 경영자들은 소규모 기업을 성공적으로 이끌기 위해 필요한 동기부여에 대해 연구해 왔다. 그 연구에 따르면 성공의 열쇠는 심리학자들이 언급하고 있는 것처럼 성취에 대한 욕구, 즉 예전보다 더 많이 그리고 더 효율적으로 업무를 처리하고자 하는 의지라고 한다. 비즈니스에 관한 수많은 책과 글들에서 성취 욕구가 사업 성공에 얼마나 중요한 요소인지를 쉽게 확인할 수 있다.

하지만 성취동기가 강한 관리자가 유능한 관리자일까? 사실 업무를 효율적으로 처리하려는 관리자가 유능한 관리자라는 근거는 어디에도 없다. 모든 사람들이 성취 욕구가 중요하다고 주장하고 있지만 심리학자들은 성취동기가 높다고 해서 반드시 유능한 관리자가 되는 것은 아니라는 사실을 실험을 통해 밝혀내고 있다.

우선 성취동기가 강한 사람들은 개인적 성공만을 중요시하기 때문에 자신이 모든 업무를 처리하려고 하는 경향이 있다. 그리고 자신의 성과를 즉각 확인하기 위해 구체적이고 단기적 피드백을 원한다. 하지만 규모가 크고 복잡한 조직의 경우, 혼자서 처리할 수 있는 업무는 거의 없다.

반대로 다른 직원들이 업무에 기여할 수 있도록 책임을 할당하고 관리하는 역할이 더욱 중요하다. 게다가 업무가 다양한 사람들에 걸쳐 분산되어 있기 때문에 구체적 피드백을 즉각적으로 얻기란 불가능한 일이다.

관리자 역량의 핵심은 혼자서 업무를 처리하는 것이 아니라 다른 사람들에게 영향을 줄 수 있는 능력에 달려 있다. 이러한 측면에서 볼 때, 유능한 관리자란 성취 욕구보다 권력 욕구가 더 강한 사람이라고 할 수 있다. 물론 권력 욕구 이외에도 다른 자질들도 필요하다. 우리는 여기서 그 밖에 어떠한 자질들이 필요하며 그 자질들이 서로 어떤 관계를 맺고 있는지 살펴볼 것이다.

관리자들의 동기를 분석하기 위해 우리는 워크숍을 통해 실험을 진행하였다. 워크숍의 목적은 경영의 효율성을 개선하기 위한 것이었으며 미국의 대기업에 근무하는 많은 고위 관리자들이 여기에 참여하였다(이 글의 마지막에 있는 '워크숍의 구성과 진행 과정' 참조). 워크숍을 통해 우리는 고위 관리자들에게는 강력한 권력 욕구, 즉 다른 사람들에게 영향력을 미칠 수 있는 권력에 대한 강한 욕망이 무엇보다 중요하다는 사실을 깨달았다. 하지만 이러한 권력 욕구가 관리자 자신의 개인적 성공이 아니라 조직 전체의 이익으로 이어지기 위해서는 교육과 통제가 필요하다. 그리고 권력 욕구는 반드시 친화 욕구보다 높아야 한다.

유능한 관리자의 조건

유능한 관리자가 되기 위해서는 성취 욕구보다 권력 욕구가 높아야 한다는 말은 무슨 의미일까? 우리는 여기서 미국의 한 대기업에서 영업 관리자로 근무하고 있는 켄 브릭스의 사례를 살펴보도록 하겠다(사례에 등장하는 이름 및 기타 명칭들은 모두 가명이다). 약 6년전 켄은 본사의 관리자로 임명을 받았다. 그리고 가장 큰 고객업체를 대상으로 서비스를 제공하는 부서의 관리를 맡게 되었다.

우리는 켄이 작성한 설문지를 통해 그가 새로운 업무에 필요한 사항들을 정확하게 인식하고 있다는 사실을 확인했다. 즉 새로운 목표를 세우고 성취하는 것, 또는 부하직원들과 좋은 관계를 맺으려고 노력하는 일보다 직원들의 성과에 대한 영향력을 강화하는 것이 더 중요하다는 사실을 그는 이미 잘 알고 있었다. 켄은 워크숍 과정에 참여하여 다른 사람들과 함께 관리자로서 자신의 상황을 설명하는 글을 작성했다. 켄은 이 글에서 자신이 필요하다고 생각하는 과제를 알고는 있지만 실제로는 거의 실천하고 있지 않다는 사실을 무의식적으로 표현하고 있었다. 그의 성취 욕구 점수는 상위 10%에 속할 만큼 매우 높았다. 하지만 권력 욕구에 대한 점수는 하위 15% 정도에 불과했다. 이 결과는 어쩌면 당연한 것이기도 하다. 그는 지금까지 영업사원으로 일을 해왔기 때문이다. 아무튼 분명한 사실은 새로운 업무가 요구하고 있는 권력 욕구를 켄은 가지고 있지 못했다. 우리의 분석에 대해 켄은 혼란스러워했다. 그러나 그는 그 분석이 틀렸거나, 아니면 그의 이상과 실제 점수와의 차이가 그렇게 크지 않을 것이라고 스스로를 위안하는 눈치였다.

하지만 곧 우리의 분석이 정확했다는 사실이 드러났다. 우리는 켄의 부서에서 근무하고 있던 직원들을 대상으로 이 사실을 확인했다. 그들은 켄이 직원들에게 긍정적 영향을 거의 미치지 못하는 무능한 관리자라고 생각하고 있었다. 켄의 직원들은 업무적 책임감을 거의 느끼지 못하고 있었다. 켄은 그들에게 격려는커녕 비판만 해댔다. 업무 구성 역시 혼란을 가중시키고 있었다. 합계 점수에서 켄의 부서는 기업 전체에서 하위 10~15% 수준에 머물러 있었다.

이에 대해 켄은 다른 참여자들과 함께 대화를 나누었다. 하지만 그럴수록 그의 기분은 더 나빠졌다. 하지만 결국 우리의 분석 결과는 스스로에게, 또는 다른 사람에게 인정하기 두려워했던 사실을 확인시켜준 것이라고 털어놓았다. 그는 본사 관리자로 근무하는 수년 동안 참담한 경험을 하고 있었다. 이제 그는 그 이유를 깨닫게 되었다. 그 스스로 관리자의 역할을 싫어했을 뿐만 아니라 직원들에게 영향을 주거나 관리할 수 있는 능력이 부족했던 것이다. 직원들에게 영향을 주려는 노력은 여지없이 실패로 돌아갔으며 비참한 감정은 나날이 커져만 갔다.

이러한 문제에 대해 켄은 성과를 높임으로써(그의 부서 성과는 상위 2% 수준이었다) 그리고 자신이 직접 모든 일을 처리함으로써 만회하려고 노력했다. 하지만 자신이 대부분의 일을 처리하고 직원들에게 업무를 제대로 할당하지 않음으로써 직원들의 의욕은 크게 떨어졌다. 켄의 경우는 성취 욕구는 강한 반면 권력 욕구는 낮은 관리자들의 전형적 유형에 속한다. 이러한 부류의 사람들은 종종 영업사원으로서 크게 성공을 거둔다. 높은 영업 실적으로 인해 관리자의 자리에 오르게 되지만 공교롭게도 승진으로 인해 어려움을 겪게 된다.

켄의 경우를 보면 성취 욕구가 높다고 해서 유능한 관리자가 되는 것은 아니라는 사실을 확인할 수 있다. 그렇다면 어떤 특성이 유능한 관리자를 만드는 것일까? 권력 욕구가 제일 중요한 요소라고 말하기에는 아직 이른 감이 있다. 유능한 관리자는 다른 욕구들보다 권력 욕구를 통해 더 강한 동기를 부여 받는다는 사실을 증명할 수 있는 근거가 필요하기 때문이다. 그렇다면 우선 유능한 관리자의 정확한 의미에 대해 생각해 보자.

생산, 마케팅, 재무 및 연구개발 등 실무 분야에서 관리자로서의 역량을 평가하는 작업은 현실적으로 매우 까다로운 일이다. 우리는 켄이 일하고 있는 회사를 대상으로 유능한 관리자를 선별하는 시도를 했다. 이 과정에서 경영진의 의견에만 의존하지는 않았다. 여러 가지 이유로 인해 임원들의 판단이 정확하지 않을 수 있기 때문이다. 당시 관리자의 역량을 평가하는 표준적 절차가 마련되어 있지 않았기 때문에 우리는 관리자들의 업무 환경으로 시선을 돌렸다. 그리고 업무 환경을 통해 직원들의 의욕 수준을 점검해 보았다.

여기서 유능한 관리자라 함은 직원들의 책임감을 자극하고 성과에 따라 보상을 제공하고 직원들이 업무를 잘 이해할 수 있게 하는 역할의 중요성을 잘 알고 있는 관리자를 말한다. 그리고 무엇보다도 직원들 사이에서 탁월한 팀워크를 구축하고 그들에게 강한 소속감을 심어주는 사람을 말한다. 관리자가 팀워크를 구축하고 이를 강화해 나갈 수 있다면 직원들의 성과 역시 지속적으로 높아질 것이기 때문이다.

켄의 회사를 연구하는 과정에서 우리는 비교적 측정이 용이한 세일즈 부서를 대상으로 직원들의 의욕과 실적과의 관계를 조사했으며 여기에는 비례 관계가 성립한다는 증거를 확보할 수 있었다. 1973년 4월, 16개 이상의 영업 부서로부터 각 3명 이상씩의 직원들을 뽑아, 조직적 투명성과 팀워크에 대한 설문조사를 실시했다. 그리고 부서별로 점수를 집계하고 평균 점수를 산출하는 방식으로 직원들의 의욕 점수를 측정했다. 그리고 1973년 부서별 매출 성과를 1972년 자료와 비교했다. 1년 사이에 실적이 30% 가까이 증가한 부서도 있는 반면, 8%나 감소한 부서도 있었다. 평균적으로는 14% 증가로 나타났다. 켄의 기업 사례를 정리한 표 3-1 '의욕과 매출 실적 사이의 관계'를 보면 1973년 초반에 의욕 점수가 높앉던 부서들이 실제로 실적도 우수했다는 사실을 확인할 수 있다. 그리고 직원들에게 의욕을 불어넣을 수 있는 관리자들은 생산이나 디자인과 같은 다른 업무에서도 똑같은 일을 할 수 있다는 점도 밝혀졌다. 직원들의 의욕은 결국 실적으로 이어진다. 그렇다면 유능한 관리자의 어떤 특성이 직원들에게 의욕을 불어넣고 있는 것일까?

표 3-1 의욕과 매출 실적 사이의 관계

연초에 측정한 의욕 점수가 높을수록 매출 실적이 더 높은 것으로 나타났다.

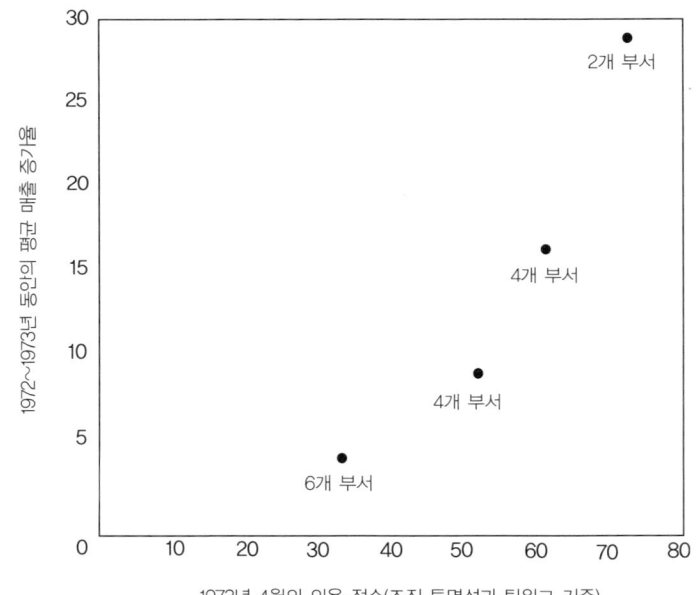

권력 욕구와 자기 제어 능력의 겸비

이를 알아보기 위해 우리는 한 대기업을 대상으로 직원들의 의욕이 높거나 낮은 부서의 관리자 50명 이상을 뽑아 조사를 실시했다. 여기서 우리는 관리자들 중 70% 이상이 권력 욕구 점수가 평균보다 높다는 사실을 확인했다. 이러한 점에서 관리자에게는 권력 욕구가 중요한 역할을 하고 있다고 짐작할 수 있다(여기서 '권력 욕구'란 독재 권력에 대한 욕망이 아니라 다른 사람들에게 영향력을 행사하려는 의지라는 사실을 기억하자). 직원들의 의욕 점수를 기준으로 유능하다고 선별된 관리자들은 권력 욕구 점수가 매우 높은 편이었다. 하지만 특이한 점은 그들의 권력 욕구는 성취 욕구에 비해서가 아니라 친화 욕구에 비해 더 높다는 사실이었다. 유능한 관리자로 선별된 사람들 중 80%가 친화 욕구에 비해 권력 욕구가 높은 것으로 나타났다. 반면 무능한 관리자의 경우, 10% 수준이었다. 영업부서 이외에 다른 부서들에서도 결과는 비슷하게 드러났다.

생산 개발 및 운영 사업부의 경우, 유능한 관리자의 73%가 친화 욕구에 비해 권력 욕구가 더 강한 것으로 드러났다. 반면 무능한 관리자는 22%에 불과했다. 이러한 차이가 발생한 이유는 무엇일까?

사회과학자들은 기업의 관리자들이 규칙을 공정하게 적용하기만 하면 조직을 효율적으로 관리할 수 있다고 오랫동안 주장해 왔다. 이 말은 반대로 관리자들이 개별적 예외를 만들기 시작하면 조직 시스템은 무너질 것이라는 의미이다. 관리자들 중 친화 욕구가 강한 사람들, 즉 모든 사람들과 좋은 관계를 유지하고 싶어 하는 관리자들은 특히 예외를 만들려는 경향이 강하다. 가족이 아파서 출근을 못하겠다는 요청을 들으면 친화형 관리자들은 그들의 심정을 이해하고 아무런 망설임 없이 휴가를 승낙해

준다. 전 미국 대통령 제럴드 포드는 닉슨의 사면에 관해 이렇게 말했다. "닉슨은 이미 충분히 벌을 받았다." 그는 닉슨의 처지에 공감했기 때문에 친화형 관리자처럼 행동했던 것이다.

사회학 이론과 우리의 연구에 따르면 친화적 욕구가 강한 사람들은 유능한 관리자가 되기 어렵다. 친화형 관리자들은 규칙을 깨고 예외를 만드는 자신의 행위에 대해 직원들이 불공평하게 느끼고 있다는 사실을 인식하지 못하기 때문에 직원들의 사기를 떨어뜨리고 있다. 미국의 대다수 시민들이 워터게이트 사건에 연루 정도가 낮은 사람들은 처벌하면서도 닉슨을 사면한 처사에 대해 불공평하다고 느끼고 있는 상황과 마찬가지다.

지금까지의 연구결과는 다소 이상해 보이기도 한다. 그렇다면 우리가 말하는 좋은 관리자는 권력을 추구할 뿐 다른 사람들의 요구에는 신경 쓰지 않는 사람을 말하는 것인가? 반드시 그렇지만은 않다. 유능한 관리자가 되기 위해서는 다른 요소들도 필요하기 때문이다. 가장 먼저 관리자의 권력 욕구는 개인적 성공이 아니라 그가 몸담고 있는 조직을 향해 있어야 한다는 점을 들 수 있다.

추가적 조사를 통해 우리는 관리자 스스로 자신을 소설 속에 나오는 주인공처럼 자신이 상당한 힘을 가졌다고 상상하고 연습할 때 행동과 금기를 조절할 수 있다는 사실을 발견했다. 그리고 이러한 능력이 권력 욕구와 관련하여 매우 중요하다는 사실을 확인했다.[1] 즉 권력 욕구가 자기 제어 능력과 균형을 이룰 때, 이타적 형태로 발현될 수 있다. 마치 영화 속 영웅들이 인류를 구하기 위해 자신의 초능력을 발휘하는 것과 똑같다. 이것은 권력이 사회화된 형태로서 이기적 권력 욕구와는 엄연히 다른 것이다. 이기적 권력 욕구는 권력에 집착하는 사람들에게서 볼 수 있는 것으로 여기에는 제어와 통제의 요소가 빠져 있다. 연구 초기에 우리는 이기적 권력 욕구를 가진 사람들은 자신의 권력을 충동적으로 휘둘러대는 경향이 있다는 사실을 확인하였다. 이러한 부류의 사람들은 타인에 대해 무례하며 지나치게 술을 많이 마시고 성적으로도 함부로 처신하는 모습을 보이고 있다. 또한 고급차나 넓은 사무실과 같이, 자신의 권위를 상징하는 물건에 집착하는 습성이 있다.

다른 한편으로 권력 욕구와 자기 제어 능력에서 모두 높은 점수를 받은 관리자들은 조직 지향적 마인드를 가지고 있는 것으로 나타났다. 그들은 성실하고 좋은 음주 습관을 갖고 있으며 다른 사람들을 위해 봉사하려는 마음을 갖고 있다. 어쩌면 당연한 결론이지만 우리는 워크숍을 통해 유능한 관리자들이 권력 욕구와 제어 능력에서 높은 점수를 기록했다는 사실을 확인했다.

관리자의 세 가지 유형

지금까지 논의한 내용과 기업 사례를 통해 확인한 결론들을 한번 요약해 보도록 하자. 유능한 관리자, 즉 조직형 관리자(institutional manager)라고 하는 유형은 권력 욕구와 자기 제어 점수가 높은 반면 친화 점수는 낮다. 이러한 관리자들은 조직적 형태의 권력에 관심을 보이며 직원들의 생산성을 높이기 위해 자신의 영향력을 발휘한다. 그렇다면 조직형 관리자, 친화형 관리자(affiliative manager, 권력 욕구보다 친화 욕구가 더 강한 사람), 그리고 사적 권력형 관리자(personal-power manager, 친화 욕구보다 권력 욕구가 더 강하기는 하지만 자기 제어 점수가 낮은 사람) 들을 비교해보자.

위 사례에 등장한 영업 부서에서 우리는 세 가지 유형의 관리자를 확인할 수 있었다. 표 3-2 '가장 효율적인 관리자 유형은?' 이라는 제목의 도표에서는 각 부서의 직원들이 관리자의 업무 능력, 조직적 투명성, 팀워크에 대해 어떻게 평가하고 있는지를 보여주고 있다. 친화형 관리자들의 경우, 직원들은 업무적 책임감을 별로 느끼지 못하고 있으며 부서의 업무 절차가 투명하지 않다고 생각하고 있고 자기 부서에 대해 자부심이 낮은 모습을 보이고 있다. 우리가 생각했던 대로 친화형 관리자들은 감정적 부분에 치우쳐 즉흥적으로 결정을 내림으로써 전반적 업무 시스템을 제대로 관리하지 못하고 있었다. 이러한 관리자의 태도로 인해 직원들은 관리자에 대한 자신의 역할과 자신의 책임에 대한 인식이 낮은 것으로 나타났고 향후 일어날 문제점에 대한 대비도 부족한 것으로 밝혀졌다. 그리고 직원들의 의욕을 측정하는 세 가지 기준 모두 40% 이하의 점수에 머물러 있었다.

사적 권력을 추구하는 관리자의 경우, 일부 항목에서 매우 높은 점수를 보이고 있다. 직원들의 책임감은 매우 높은 수준에 있다. 특히 팀워크 점수가 두드러지게 높다. 이러한 유형의 관리자들은 부대원들에게 용기를 불어넣는 뛰어난 지도력으로 유명한 미국의 전차 지휘관인 조지 패튼과 같은 리더십을 발휘하고 있다. 하지만 조직의 투명성 점수는 40% 정도에 머물러 있다. 이에 비해 자기 제어 능력이 뛰어난 조직형 관리자들은 모든 항목에서 골고루 높은 점수대를 기록하고 있다.

사적 권력을 추구하는 관리자들은 효율적 조직을 구축하는 인물로서는 적합하지 않다. 직원들은 이들을 조직의 상사로서가 아니라 한 개인으로 여기고 충성을 하는 경향을 보인다. 이러한 관리자들이 기업을 떠나는 경우, 조직 자체가 와해되는 현상이 종종 발생한다. 관리자의 개인적 특성으로 유지되고 있던 팀워크 역시 쉽게 무너진다. 남아 있는 직원

표 3-2 가장 효율적인 관리자 유형은?

직원들은 관리자들의 다양한 특성에 따라 책임감, 조직 투명성, 팀워크 항목에서 서로 다른 점수를 주고 있다.

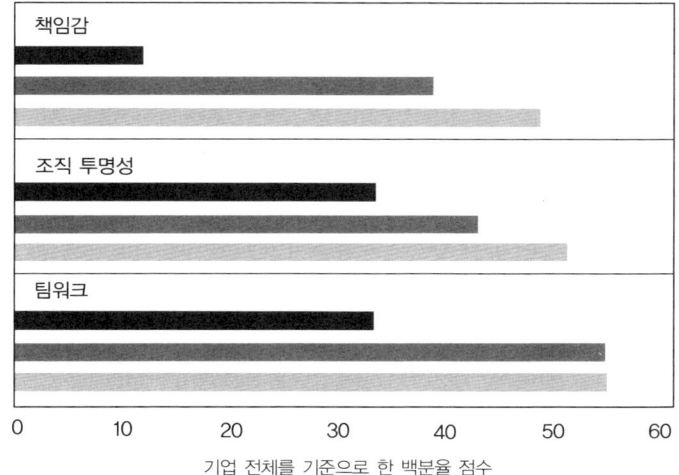

3명 이상의 직원들이 준 점수의 평균
- ■ 친화형 관리자(권력, 통제 점수보다 친화 점수가 높음)
- ■ 사적 권력형 관리자(친화보다 권력 점수가 높음. 자기 제어 점수가 낮음)
- ■ 조직형 관리자(권력 점수가 친화보다 높음. 자기 제어 점수도 높음)

들은 자신의 역할을 제대로 찾지 못한 채 혼란에 빠져 버린다.

효율적 조직 구축에 가장 적합한 유형은 바로 조직형 관리자이다. 직원들은 조직형 관리자들과 함께 일할 때, 더 많은 책임감을 느낀다. 또한 조직 투명성과 팀워크를 끌어올림으로써 직원들에게 더 많은 동기를 부여한다. 조직형 관리자들은 조직을 떠나도 기업은 그 빈자리를 다른 관리자로 얼마든지 대체할 수 있다. 그 부서의 직원들은 관리자 개인이 아니라 업무 시스템을 기반으로 업무를 추진해 왔기 때문이다.

인간관계보다 권력을 추구하는 관리자의 성향이 직원들에게 더 많은 의욕을 불어넣을 수 있기 때문에 권력 욕구는 관리자의 필수 조건이라는 사실을 우리는 인정해야만 한다.

조직심리학은 수직적 관리 체계가 미국의 기업 환경에 적합하지 않다고 오랫동안 주장하고 있다. 우리가 여기서 보여 주고 있는 결론은 이러한 전통적 주장과 모순 관계에 있는 것처럼 보인다. 하지만 솔직히 말해서 독재에 대한 두려움으로 권력의 중요성을 무시해서는 안 된다는 점을 강조하고 싶다. 경영관리란 결국 영향을 주고받는 게임이기 때문이다. 그러나 민주적 조직 체계를 주장하는 사람들은 업무처리보다 사적 요구 사항에 집중함으로써 권력의 중요성을 간과하는 실수를 범하고 있다.

그리고 우리의 입장이 행동주의 심리학자들과 여러 가지 측면에서 충돌하고 있다는 지적을 받는데, 우리는 동기(motive)의 개념을 다루고 있는 반면 행동주의는 주로 행동(action)을 다루고 있기 때문이다. 우리는 여기서 관리자들이 자기 제어를 바탕으로 영향을 주고받는 게임에 관심을 기울여야 한다고 말하고 있다. 하지만 그렇다고 해서 관리자들이 독재적 방식으로 행동해야 한다는 것은 아니다. 일반적으로 권력 욕구가 높은 관리자들은 직원들 또한 권력을 가질 수 있도록 만드는 재능이 있다. 하지만 독재적 관리자는 직원들 스스로 나약하고 무력한 존재라고 느끼게 만든다.

또 한 가지 중요한 관리자로서의 자질은 관리 스타일이다. 앞의 사례에서 유능한 관리자(직원들의 의욕 점수가 높은)들은 민주적, 교육적 항목에서 63%의 비교적 높은 점수를 기록하고 있다. 반면 열등한 관리자는 22%에 머무르고 있다. 그리고 무능한 관리자들은 독재적, 강압적 항목에서 점수가 높은 것으로 나타났다. 권력 욕구 점수가 높은 유능한 관리자들은 실제로 민주적 형태로 자신의 영향력을 발휘한다. 그리고 이러한 관리 스타일은 더 좋은 성과로 이어진다.

권력 욕구와 관리 스타일의 관계를 알아보기 위해 이번에는 조지 프렌티스라는 인물의 사례를 살펴보자. 그는 어떤 기업의 영업 부서 관리자로 일하고 있다. 조지는 조직형 관리자에 적합한 성향을 고루 갖추고 있다. 즉 권력 욕구 및 통제 점수가 높고 친화 점수는 낮다. 그리고 자신의 영향력을 합리적이고 조직적 형태로 발휘하고 있다. 워크숍에서 그가 작성한 다음의 글을 살펴보면 이러한 성향을 확인할 수 있다. "회의를 끝내고 참석자들은 모두 만족한 표정을 지었다. 그들은 방금 조직 개편안을 성공적으로 마무리했다. 그들은 최근 조직 구성과 관련하여 많은 어려움을 겪어왔다. 하지만 강력하면서도 똑똑한 스타일의 젊은 임원이 이끄는 그룹이 직무할당을 완전히 개선함으로써 조직을 전반적으로 새롭게 변화시켰다……."

우리는 조지의 다른 글에서 그가 기업에서 인정을 받고 있다는 사실을 확인할 수 있었다. 워크숍이 끝나고 얼마 지나지 않아, 그는 세일즈 전체를 관리하는 부사장으로 승진했다. 하지만 그의 동료들은 여전히 그를 괴물이라고 부르고 있다. 누군가가 그의 길을 막고 있다면 그 사람이 '자신의 어머니일지라도' 밀쳐내었을 것이라고 주위 사람들은 말한다. 조지는 관리자로서 필요한 자질들은 충분히 갖고 있다. 그리고 사적 권력보다 조직 내에서의 성공에 더 많은 관심을 갖고 있다. 그러나 관리 스타일에서는 많은 문제점이 발견되고 있다. 그는 경영진으로부터 임무를 부여받는 즉시, 직원들에게 목표를 부여하고 달성하지 못할 경우 입게 될 불이익에 대해 강조하곤 했다.

하지만 워크숍에서 어떤 면에서는 자신의 독재주의적 관리 스타일이 직원들의 의욕을 감소시키고 있다는 사실을 객관적으로 바라보고 난 뒤, 자신의 관리 스타일이 비생산적이라는 사실을 인정했다. 그리고 처음에 가장 낮은 점수를 받았던 교육적 항목의 점수를 높이는 시도를 시작했다. 이러한 과정을 통해 그는 비로소 자신의 임무가 직원들이 어떤 일을 하도록 강요하는 것이 아니라 그들이 업무를 효과적으로 처리할 수 있도록 도와주는 것이라는 사실을 깨달았다.

조직형 관리자의 특성

조지가 기존의 관리 스타일을 금방 바꿀 수 있었던 것은, 그의 글을 통해서 확인하였던 것처럼 다른 사람들을 도와주고자 하는 욕구가 강했기 때문이다. 타인을 돕는 욕구가 강한 사람들은 조직을 구축하는 과정을 통해 강한 동기를 부여받는 경향이 있다. 우리는 여기서 한 발 더 나아가 조직을 구축하는 관리자들, 즉 조직형 관리자들의 생각과 행동을 분석함으로써 이러한 관리자들이 갖추고 있는 주요한 네 가지 특성을 발견했다.

- 조직형 관리자들은 강한 조직적 마인드를 갖고 있다. 즉 조직에 참여하고 조직을 구축하는 일에 강한 책임감을 느끼고 있다. 그리고 권력 집중으로 얻을 수 있는 장점에 대해 잘 이해하고 있다.
- 조직형 관리자들은 자신의 업무를 즐긴다. 이 사실은 성취 욕구에 대한 우리의 견해에 반대하는 사람들이 성취 욕구가 청교도적 업무 윤리를 강화한다고 주장하고 있다는 점에서 더욱 흥미롭다고 할 수 있다. 하지만 우리의 연구는 이러한 지적에 대해 정반대의 결론을 보여주고 있다. 성취 욕구가

강한 관리자는 효율성을 높임으로써 업무를 신속하게 끝내고자 노력하는 성향을 갖고 있다. 이들의 목표는 더 적은 시간과 노력을 투자하여 똑같은 결과를 얻어내는 것이다. 반면 조직형 관리자들은 업무상 원칙과 절차를 매우 중요시한다. 실제로 조직형 관리자들이 체계적 형태로 업무를 처리하는 과정에서 더 큰 만족감을 느끼는 것으로 나타났다.

- 조직형 관리자들은 몸담고 있는 조직의 발전을 위해서 스스로 자신의 이익을 기꺼이 희생하려는 성향이 있다.
- 조직형 관리자들은 공정함을 매우 중요시 여긴다. 열심히 일하고 조직을 위해 희생하는 사람은 그에 따른 적절한 보상을 받아야 한다고 믿고 있다.

위의 네 가지 자질이 조직의 성과를 중요시하는 유능한 관리자의 역량으로 어떻게 이어지는지 우리는 쉽게 추측해 볼 수 있다

또 다른 기업을 대상으로 유능한 관리자들을 분석하는 과정에서 우리는 한 가지 중요한 사실을 발견했다. 그것은 바로 그들이 성숙한 태도를 갖고 있다는 점이다. 쉽게 말해 성숙한 사람이란 이타적 사람을 의미한다. 업무적으로 긍정적 자아상이 반드시 필요하다고 볼 수는 없다. 하지만 성숙한 관리자들은 방어적 자세를 취하지 않으며 적극적으로 전문가들의 조언을 구한다. 그리고 넓은 시야를 갖고 있다. 그들은 자신이 하나의 작은 인간이라는 사실을 잘 알고 있다. 그리고 자신이 남들보다 더 소중하다는 이기심에서 벗어나 있다.

하지만 미국 기업의 많은 관리자들이 성숙함의 자세를 두려워하고 있다. 그들은 성숙한 사람이 더 열심히 일을 하고 성장을 추구하고 기업의 목표를 위해 헌신하려는 욕망을 갖고 있다는 사실을 인정하려고 하지 않는다. 하지만 우리의 연구결과는 그들의 생각이 틀렸다는 사실을 말해주

고 있다.

조지 역시 워크숍에 참석하기 이전에 이렇게 생각했다. 하지만 워크숍을 통해 그는 새로운 관리자로 다시 태어났다. 그것은 자신에 대한 믿음을 버렸기 때문이 아니라 바로 그 믿음을 더욱더 강화했기 때문이다. 워크숍이 끝난 후, 직원들 역시 조지가 자신이 아니라 조직을 위해 일하고 있다는 사실을 이해하게 되었다. 예전에 직원들은 그를 존경하기보다는 두려워했었다. 하지만 이제는 그를 신뢰하고 있다. 예전에 조지는 새로 산 포르쉐와 혼다를 자랑하면서 자신이 '대단한 사람'임을 과시했다. 하지만 최근에 만난 그는 귓속말로 "더 이상 그런 것들을 사들이지 않는답니다."라고 속삭였다.

관리 스타일 바꾸기

조지는 워크숍을 통해 스스로를 객관적으로 바라볼 수 있는 기회를 가졌다. 그 후 자신의 관리 스타일을 개선해 나갔다. 그렇다면 과연 자신에 대한 성찰만으로도 기존의 관리 스타일 전부를 바꿀 수 있는 것일까?

표 3-3 '관리 스타일 개선'을 한번 보자. 이 도표는 관리자들이 워크숍에 참석하기 이전과 이후를 기준으로 직원들의 의욕 점수를 비교하고 있다. 우리는 이 조사를 통해 워크숍 이후 관리자들의 관리 스타일이 달라졌다는 점을 확인할 수 있었다. 워크숍 이후, 직원들에 대한 보상 수준, 업무 시스템의 투명성, 직원들의 의욕 점수 모두 높아진 것으로 나타났다.

관리자 한 개인의 입장에서 볼 때, 이 변화는 어떠한 의미를 가지고 있

표 3-3 관리 스타일 개선

워크숍을 통해 직원들의 의욕을 높일 수 있다.

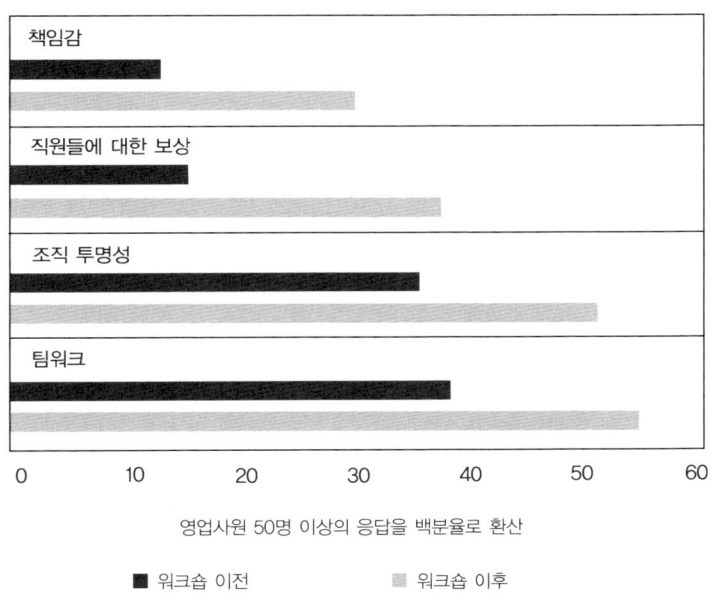

을까? 관리자들은 어떠한 과정을 거쳐 변화했던 것일까? 그 중에는 다른 부서로 옮겨야겠다고 결정한 관리자들도 있었다. 예를 들어 앞서 살펴본 켄의 경우가 그랬다. 켄은 다른 사람들에게 영향을 미치는 일을 꺼려했기 때문에 유능한 관리자가 되기에는 스스로 부족하다는 결론을 내렸다. 물론 켄은 유능한 관리자가 되기 위해 어떤 것이 필요한지 잘 알고 있었다. 하지만 상사와의 협의를 통해 자신이 제일 선호하는 세일즈 업무로 돌아갔다.

켄은 재고를 낮은 가격에 처분하는 부서로 이동했다. 그리고 유통 대리점들이 신제품을 매입할 수 있도록 하기 위해 대리점이 작년 재고분을 처분하는 일을 지원하는 업무를 맡았다. 새로운 업무에 대한 성과는 매우 좋은 편이었다. 매출은 계속 증가했으며 얼마 지나지 않아 재고를 처분하는 자신만의 노하우까지 개발하게 되었다. 켄은 조직 내에서 반드시 필요한 존재로 자리 잡았다. 게다가 사람들을 관리해야 할 의무로부터도 자유로워졌다.

반면 조지의 경우, 큰 변화가 나타나지는 않았다. 조지는 관리자로서 필요한 자질들을 이미 충분히 갖추고 있었다. 승진을 할 즈음, 자신의 태도를 긍정적으로 변화시키고 관리 스타일을 민주적으로 바꾸어야 한다는 사실을 잘 알고 있었기 때문에 워크숍 이전에 비해 더 높은 성과를 올릴 수 있었던 것이다.

하지만 켄이나 조지와는 달리, 관리자로서 자질이 부족한 사람이 현재 업무도 바꾸고 싶어 하지 않는 경우는 어떨까? 찰리 블레이크가 바로 이러한 사례다. 켄과 마찬가지로 찰리 역시 권력 점수가 낮고 성취 점수는 보통이며 친화 점수는 평균보다 높았다. 그는 전형적 친화형 관리자이며 직원들의 의욕 역시 바닥 수준이었다. 직원들이 평가한 점수에서 책임감 및 보상 시스템 항목은 10%, 팀워크 항목은 30%에 불과하다는 결과를 알려주었을 때, 찰리는 충격에 빠졌다. 찰리는 워크숍에서 관리자의 세 가지 스타일에 대한 프로그램을 보고나서 자신에게 독재적 측면이 있다는 사실을 인정했다. 그리고 이어진 토론에서 같은 그룹의 참여자들은 찰리의 독재적 관리 스타일에 대해 여러 가지 비판을 했다. 그러자 찰리는 버럭 화를 냈다. 그리고 수업 내용에 대해 강한 불만을 표시했으며 심지어 토론 수업을 방해하기까지 했다.

하지만 워크숍이 끝나고 다시 만난 자리에서 찰리는 이렇게 말했다.

"그땐 제가 흥분했었죠. 다른 사람들이 저의 관리 스타일에 대해 전부 지적하기 시작하자, 저도 모르게 그만 고함을 지르고 말았죠. 게다가 당신이 제가 쓴 글에서 관리자로서의 문제점을 발견할 수 있다고 말했을 땐, 정말 미치는 줄 알았죠. 하지만 그후 전반적으로 무언가가 잘못되어 있다는 사실을 깨닫게 되었습니다. 당시 부서의 매출 실적은 별로 좋지 않았고 그 이유는 직원들이 아니라 대부분 저에게 있었죠. 사실 직원들이 책임감을 못 느끼고 보상을 제대로 받지 못하고 있다는 설문 결과 역시 그리 놀라운 일은 아니었어요. 그후로 저는 문제를 해결하기 위해 무엇을 해야 할 것인지 곰곰이 생각해 보았습니다. 그리고 마침내 혼자서 일을 모두 처리하는 대신, 그리고 직원들이 명령을 따르지 않았다고 화를 내는 대신, 내가 먼저 관리자의 역할을 제대로 수행해야 된다는 사실을 깨달았습니다. 그리고 기분을 가라앉힌 뒤, 워크숍을 끝내고 돌아오는 길에 실수가 나쁜 것이 아니라 실수를 저지르고서도 아무 것도 깨닫지 못하는 것이 나쁜 것이라는 생각을 하게 되었어요."

워크숍에서 돌아온 찰리는 즉각 실천에 들어갔다. 그리고 6개월 뒤, 우리는 직원들을 통해 찰리에 대한 평가 점수를 다시 측정해 보았다. 그 결과를 알아보기 위해 찰리는 두 번째 워크숍에도 참석했다. 당시 그는 이렇게 말했다. "워크숍을 마치고 돌아가는 길에 화가 많이 났었어요. 하지만 그제야 저는 혼자 일을 한다고 해서 되는 것이 아니라 다른 사람들과 함께 협력을 해야 한다는 사실을 깨닫게 되었습니다. 하지만 저는 여전히 직원들이 업무에 깊숙이 관여하는 것을 두려워했던 것 같아요. 하지만 팀워크를 포함한 안 좋았던 항목들의 점수가 30%에서 55%로 높아졌다는 소식을 들었을 때, 너무나 기쁜 나머지 하루 종일 말을 제대로 못했다니까요."

우리는 찰리에게 어떻게 자신의 스타일을 바꾸었는지에 대해 물어보았다. 찰리는 이렇게 대답했다. "예전에는 본사로부터 작년 목표의 110%를 달성해야 한다는 말을 듣는 즉시, 직원들을 모아 놓고 이렇게 말하곤 했죠. '이건 말도 안 돼. 아무리 해도 불가능한 일이야. 하지만 목표를 달성 못하면 무슨 일이 벌어질지는 자네들도 잘 알고 있지? 그러니 어떻게든 다들 열심히 해보게." 하지만 이후 찰리는 하루에 20시간 동안 일을 했고 직원들은 자신들이 해야 할 일을 제대로 찾지 못하고 있었다.

"워크숍이 끝나고 저는 접근 방식을 바꾸어 보았죠. 우선 직원들에게 세 가지를 말했습니다. 첫째, 여러분은 우리 회사를 위해 헌신을 해야 합니다. 둘째, 무조건 열심히 일한다고 해서 좋아지는 것은 아닙니다. 우리는 이미 충분히 열심히 일하고 있습니다. 우리에게 필요한 것은 새로운 거래 발굴과 판촉행사입니다. 그리고 목표를 달성하기 위해서는 예전과는 다른 관점에서 업무를 바라보아야 합니다. 셋째, 저는 여러분들을 적극 지원할 것입니다. 그리고 앞으로는 목표도 여러분들과 함께 세울 것입니다. 회사 전체의 목표를 달성하지 못했으나 자신의 목표를 달성했다면 여러분들에게 불이익이 돌아가지는 않을 것입니다. 하지만 회사가 목표를 달성했다면 어떠한 형태로든 보상을 제공할 것입니다."

그의 말에 직원들은 찰리가 노력한다고 해도 자신들이 정당한 보상을 받기는 어려울 것 같다는 말을 했다. 하지만 찰리는 화를 내지 않았다. 그리고 휴가처럼 자신의 선에서 조정할 수 있는 최대한의 혜택을 마련해 보겠노라고 약속했다.

여기서 우리는 찰리가 조직형 관리자의 모습으로 거듭나기 시작했다는 사실에 주목할 필요가 있다. 그는 직원들에게 영향을 미치고자 하는 욕구, 즉 권력 욕구에 더 많은 관심을 갖기 시작했으며 혼자서 업무를 처리하고자 하는 성취 욕구는 줄이려고 노력했다. 그리고 직원들에게는 회사를 위해 헌신적으로 일할 것을 요구했다. 또한 직원들이 이의를 제기했을 때도 예전처럼 핑계를 대거나 비난을 하지 않았다. 반대로 자신의 영향력을 높이기 위해 직원들의 요구 사항에 관심을 기울였다. 또한 자신의 역할이 직원들을 비판하는 것이 아니라 직원들에게 힘을 실어주고 업무를 지원하는 것이라는 사실을 깨달았다. 그리고 직원들의 성과에 대해 합리적 보상을 제공하기 위해 최선을 다했다.

찰리는 자신의 관리 스타일을 바꿈으로써 놀라운 성과를 이룩했다. 1973년 부서 매출은 전년 대비 16% 이상 증가하였으며 1974년에도 계속 이어졌다. 1973년 전년 대비 실적 증가율은 전체 부서에서 7위를 차지했으며 1974년에는 3위를 기록했다. 찰리 외에도 이 기업의 많은 관리자들이 자신의 관리 스타일을 개선했다. 1973년에는 기업 차원에서 매출 실적이 크게 증가했다. 1972년 1500만 달러의 적자가 1973년 300만 달러 흑자로 전환되었다. 1974년 전체 기업 매출은 11% 증가하였으며 수익은 38%나 높아졌다.

물론 워크숍에 참여한 사람들 모두 성과가 좋아진 것은 아니다. 헨리 카터가 그랬다. 헨리가 워크숍에 참여하기 전, 그의 영업 부서 직원들은 의욕 점수가 20% 수준이었다. 하지만 워크숍이 끝난 6개월 이후에 다시 조사를 했을 때도 별로 나아진 점이 없었다. 기업 전체의 매출 역시 비슷했다. 전년 대비 2%밖에 성장하지 않은 것으로 나타났다.

하지만 특이하게도 헨리는 다른 사람들에게 인기가 아주 좋았기 때문에 현재 상황을 반드시 바꾸어야겠다는 필요성을 느끼지 못하고 있었다. 그는 언제나 파티를 즐겼으며 직장 동료들에게 귀한 시가나 와인을 싼 가격에 살 수 있도록 도와 줌으로써 자신의 인기를 관리하고 있었다. 또한 조직에서 자신의 입지를 확고하게 하기 위해 모든 사람들과 가까운 관계를 유지했다. 하지만 매출 실적은 다른 부서에 비해 좋은 편은 아니었다.

헨리의 뛰어난 사교적 기술은 워크숍에서도 드러났다. 워크숍에는 참여자들끼리 비즈니스 게임을 하는 과정이 있다. 헨리는 여기서 아주 낮은 점수를 기록했다. 게임이 끝나고 참여자들은 헨리가 왜 제대로 게임을 하지 못했는지, 그리고 실제 업무상에서도 비슷하게 행동하는지에 대해 토론을 벌였다. 하지만 참여자들 중 신망 있는 두 사람이 나서서 헨리를 적극 옹호하기 시작했다. 그들은 다른 사람이나 조직을 도우려고 하는 성향 때문에 게임 결과가 그렇게 나온 것이라고 헨리를 변호했다. 지지자들 덕분에 헨리는 사실 아무런 말을 할 필요가 없었다. 그는 실적은 좋지 못했지만 어디서나 사람 좋고 남을 돕는 이미지를 가꿀 줄 아는 인물이었던 것이다. 그렇기 때문에 그는 자신의 관리 스타일을 바꾸어야겠다는 필요성을 전혀 느끼지 못했던 것이다.

지금까지 살펴본 켄, 조지, 찰리, 헨리의 사례에서 어떤 시사점을 얻을 수 있을까? 우리는 여기서 유능한 관리자의 특성과 관리자로서 필요한 자질들을 고루 갖추고 있어야만 변화가 가능하다는 사실을 인정해야만 할 것이다.

대기업을 대상으로 한 연구결과, 우리는 업무에 반드시 필요한 요소임에도 불구하고 유능한 관리자들의 경우, 성취 욕구가 지나치게 낮다는 사실을 발견했다. 그리고 고위 관리자들의 경우, 친화 점수보다 권력 점수가 훨씬 높은 것을 확인했다. 하지만 대기업 관리자들의 권력 욕구는 반드시 사회화 과정을 거쳐 표현되어야 한다. 자기 제어 능력과 함께 발현될 때만 그들의 권력 욕구는 자신이 아니라 조직 전체에 혜택을 줄 수 있다. 기업이라고 하는 왕국을 건설할 수 있는 인재는 바로 사회화된 권력 욕구를 가진 관리자들이다. 그들은 조직 내 의욕을 높이고 조직을 자신이 꿈꾸는 모습으로 변화시켜 나갈 수 있는 능력을 가지고 있다. 하지만 위험 요소도 있다. 이러한 관리자들이 지향하는 왕국은 제국주의나 독재의 형태로 추락할 가능성을 언제나 지니고 있다. 유능한 관리자의 특성들은 직원들을 통제하는 무기로 돌변할 수 있으며 이는 특히 조직 확장에 대한 강력한 욕망으로 이어질 수 있다. 그렇기 때문에 정부 기관은 항상 대기업의 행보에 지속적으로 관심을 갖고 관리를 해야 하는 것이다.

유능한 관리자의 자질로 또 한 가지가 있다. 그것은 감시원(regulator)으로서의 역할이다. 관리자가 조직 내부에서 감시원의 역할을 하게 되면 감성적 차원에서 성숙함의 분위기가 자리 잡고 이기주의가 사라지고 민주적이고 교육적 관리 스타일이 나타나게 된다. 그리고 관리자 스스로 성숙한 태도로 자신의 권력 욕구를 제어할 수 있다면 조직이 공격적이고 이기적 형태로 사업 확장에만 집착하는 위험을 사전에 막을 수 있다. 또한 압박이나 독재적 관리 스타일에 의지하지 않고서도 관리자들은 직원들을 관리하면서 그들에게 영향을 미칠 수 있다.

이러한 관점에서 보면 지금까지 우리가 경험적, 통계적 조사를 통해 확인한 것들은 일반적 상식에 불과한 것처럼 보이기도 한다. 그러나 결코 상식 수준에만 머무르고 있다고 볼 수는 없다. 우리의 연구결과를 바탕으로 기업은 이제 관리자의 특성과 자질에 대해 객관적 정의를 내릴 수 있게 되었다. 그리고 이를 기반으로 기업은 관리자의 자질을 갖춘 직원을 선발할 수 있으며 그들이 더욱더 자신감을 갖고 관리자로서 준비를 할 수 있도록 교육의 기회를 마련할 수 있게 되었다.

:: 워크숍의 구성과 진행 과정

이 글을 통해 우리는 워크숍에서 다루었던 사례 및 자료들을 살펴보았다. 워크숍에서 관리자들은 자신의 업무 방식과 자질, 그리고 이를 개선할 수 있는 방법에 대해 배울 수 있었다. 그리고 우리는 워크숍을 통해 유능한 관리자에게 필요한 자질에 대해 살펴보았다.

이 글과 워크숍에서 우리는 '성취 욕구', '친화 욕구', '권력 욕구'라고 하는 다소 기술적인 용어를 쓰고 있다. 이 용어들은 조직과 개인의 의욕 수준을 측정하기 위한 항목들이다. 정리를 하자면 워크숍 이전에 우리는 관리자들의 즉각적 대답을 분석함으로써 업무를 효율적으로 처리하기 위한 욕구(성취 욕구), 다른 사람과 좋은 관계를 형성하고 유지하기 위한 욕구(친화 욕구), 그리고 다른 사람들에게 영향을 주려고 하는 욕구(권력 욕구)가 얼마나 강한지에 대해 측정을 하였다. 물론 여기서 말하는 권력 욕구는 독재적 통제가 아니라 다른 사람에게 영향력을 발휘하려는 관심을 의미한다.

워크숍에 참여하면 기업 관리자들은 우선 자신의 업무에 관한 설문지에 답한다. 그 이후 자신의 업무를 분석하는 시간을 갖고 업무에 필요한 다양한 역량들에 대해 생각을 하게 된다. 다음으로 우리는 참여자들에게 다양한 업무 상황을 제시하고 참여자들은 이를 바탕으로 스스로 이야기를 만들어 낸다. 그리고 그들의 이야기를 분석하여 참여자의 성취, 친화, 권력 점수와 자기 제어 점수를 측정한다. 참여자들은 업무적으로 필요한 역량과 자신의 자질에 대한 차이를 확인하고 자신이 현재의 업무에 적합한지 또는 다른 부서로 이동을 해야 하는지, 아니면 현재 업무에 적응하기 위해 무엇을 해야 하는지 결정하게 된다.

두 번째 설문지는 참여자의 관리 스타일을 분석하기 위한 것이다. 참여자들은 이 설문지에서 특정 업무 상황에서 자신이 실제로 대처하는 방식을 선택한다. 우리는 그들의 답변을 분석하여 참여자들을 '민주적', '친화적', '모범적', '지도적', '강압적', '독재적'인 여섯 가지 관리 스타일로 구분한다. 참여자들은 각 스타일이 지닌 장점에 대해 말을 하고 자신이 선호하는 스타일을 선택한다.

우리는 관리자의 실제 역량을 평가하기 위해 그들과 함께 일하고 있는 직원들을 대상으로 설문조사를 실시했다. 여기서 관리자들의 유형을 구분하기 위해 우리는 3명 이상의 직원들을 대상으로 실제 업무 환경에 대한 질문을 한다. 그리고 그 직원들은 다음의 여섯 가지 항목에 대해 점수를 매긴다. ① 관리자가 지시하는 규범의 준수 여부 ② 자신이 느끼고 있는 책임감의 정도 ③ 부서에서 성과 기준의 중요성 ④ 나쁜 성과로 인한 처벌과 좋은 성과에 따른 보상 수준의 비교 ⑤ 조직의 투명성 ⑥ 팀워크.[2] 유능한 관리자의 경우, 특히 투명성과 팀워크 항목에서 높은 점수를 기록한다.

마지막으로 워크숍 이후 직원들의 의욕 점수가 높아졌는지 확인하기 위해 우리는 워크숍 이수 6개월이 지난 시점에서 직원들을 대상으로 다시 설문조사를 실시했다.

우리는 관리자의 또 다른 자질로서 성숙함의 항목을 추가했다. 그리고 참여자들이 작성한 이야기를 분석함으로써 권력에 대한 관심과 특정 과제에 대한 그들의 태도를 파악하였다. 이를 바탕으로 참여자들이 성숙함의 4단계 중 어디에 속하는지 평가했다. 4단계 중 첫 번째 단계에 속한 사람들은 다른 사람들의 도움과 힘에 의존한다. 두 번째 단계는 자율성을 가장 우선시한다. 세 번째에서는 다른 사람의 힘을 활용하려고 한다. 네 번째 단계의 관리자는 이기적 욕심을 버리고 다른 사람들을 위해 헌신적으로 봉사하려고 한다.[3]

여기서 우리가 제시하고 있는 자료들은 약 25개의 미국 기업에서 근무하는 500명 이상의 관리자들이 참석한 워크숍을 근거로 하고 있다. 그리고 본문에 실린 도표들은 하나의 기업 사례를 바탕으로 작성한 것이다.

4

문제 직원에게
동기를 부여하는 3단계

나이젤 니콜슨
Nigel Nicholson

요약 | 문제 직원에게 동기를 부여하는 3단계

직원들에게 인센티브 프로그램과 기업의 비전을 제시하거나 그들의 열정을 자극하는 것은 동기부여를 적극적으로 수용하고 있는 직원들에게만 효과가 있다. 그렇다면 조직의 제안에 따를 마음이 없거나 상사의 힘만 낭비하게 하는 문제가 있는 직원들에게는 어떤 방법으로 동기를 부여해야 할까? 나이젤 니콜슨에 따르면 그것은 불가능한 일이다. 동기를 부여할 수 있는 주체는 오직 자신밖에 없기 때문이다.

조직의 관리자는 문제 직원에게 자기가 생각하는 해결책을 강요하는 대신, 성취 가능한 목표를 제시하여 그들 스스로 움직일 수 있는 업무 환경을 조성해야 한다. 즉 직원들 스스로 해결책을 발견하도록 해야 한다. 이 말은 직원들의 사기를 저하시키고 있는 모든 장애물들을 없애버려야 한다는 뜻이기도 하다. 물론 여기에는 직원들의 의욕을 꺾고 있는 상사의 태도도 포함되어 있다. 니콜슨은 관리자가 앞장서서 문제 상황에 대한 책임을 지고 이를 적극 해결하는 자세를 보여야 한다고 주장하고 있다. 하지만 여기에는 오랜 시간이 필요하다. 그렇지만 기존 접근 방식들에 비해 더 신속하게 해결책을 찾을 수 있다.

그가 제시하고 있는 방식은 다음과 같다. 첫째, 관리자는 우선 문제 직원에 대한 전체적 그림을 그려보아야 한다. 둘째, 유연한 자세로 문제 직원과 합의를 이루어 나가면서 기존의 목표를 점차 수정해 나가야 한다. 셋째, 중립적 장소에서 문제 직원과 직접 대면을 시도해야 한다.

문제를 완전히 해결하였든지, 혹은 단지 합의에만 그쳤든지 간에 니콜슨이 제시하고 있는 접근 방식은 특정한 문제 직원 외에 다른 직원들에게까지도 영향을 미칠 수 있다. 다시 말해 문제 직원에게 동기를 부여할 수 있다는 장점 외에도 조직이 직원들을 무시하는 것이 아니라 관심을 갖고 신경을 쓰고 있다는 사실을 보여줌으로써 회사 내에 강한 인상을 남길 수 있다.

문제 직원에게 동기를 부여하는 3단계

문제 직원, 어떻게 해야 하나

　사람들은 보통 업무에 대한 비전과 열정을 갖고 있고 강력하고 합리적 자세로 직원들에게 동기를 부여하는 상사들을 유능한 관리자라고 생각한다. 그리고 기업이 인센티브 제도를 합리적으로 구축하기만 한다면 모든 직원들이 기꺼이 동참할 것이라고 믿고 있다.
　하지만 이런 생각은 리더십에 관한 수많은 경영 서적들이 그리고 있는 이상에 불과하다. 여기에는 심각한 오류가 있다. 그것은 이러한 접근 방식은 일부의 직원들과 극소수의 관리자에게만 효과가 있다는 사실이다. 그 이유는 무엇일까? 우선 조직 내에서 단결을 유도할 수 있는 특별한 재능을 가진 관리자는 매우 드물다는 사실을 꼽을 수 있다. 기업 내 부서장들에게 왜 넬슨 만델라나 윈스턴 처칠처럼 하지 못하냐고 나무라는 행동은 그들에게 죄책감을 심어 주거나 또는 기분만 상하게 하는 결과로 이어질 것이다.
　그 다음으로 많은 연구결과가 보여주고 있듯이, 상사의 격려나 보너스,

또는 성과 미달에 대한 불이익과 같은 외적 인센티브 제도에는 한계가 있다는 사실이다. 외적 인센티브에 긍정적 반응을 보이는 직원은 이미 문제 직원이 아니다. 우리가 문제 삼고 있는 직원들은 그 외의 사람들이다. 기업의 중견 관리자들은 자신의 뼈아픈 경험들을 통해 인사관리에서도 80대 20 법칙이 적용된다는 사실을 알고 있을 것이다. 다시 말해 조직은 가장 다루기 어려운 문제 직원들에게 가장 많은 시간과 에너지를 허비하고 있다.

그렇다면 문제 직원들에게는 어떤 방식으로 접근해야 할까? 단지 도와주는 것이 아니라 그들 스스로 움직이고 헌신적으로 업무를 처리할 수 있도록 하기 위해서는 어떻게 해야 할 것인가?

30년 동안 조직에 대해 연구를 하고 다양한 경영자들에게 자문을 해주는 과정에서 나는 질문 자체에 문제가 있다는 사실을 깨닫게 되었다. 연구를 통해 밝혀진 것처럼 관리자의 노력만으로는 문제 직원을 변화시킬 수 없다. 그들을 변화시킬 수 있는 사람은 그들 자신밖에 없다. 그렇다면 관리자의 역할이란 결국 일반적으로 직원들이 가지고 있는 자연스러운 열정과 내적 동기를 이끌어 내고 성취 가능한 목표를 향해 스스로 달려갈 수 있는 업무 환경을 조성하는 일이다.

그러나 이러한 역할을 실천하기 위해서는 이전과는 전혀 다른 경영관리 시스템이 필요하다. 그리고 이렇게 만들어진 변화를 지속적으로 이어 나가는 일 또한 결코 쉽지 않다. 하지만 문제 직원들로부터 최고의 결과를 얻을 수 있는 최선의 접근 방식이다. 이제 관리자들은 더 이상 직원들을 부추기거나 구슬릴 필요가 없다. 관리자가 해야 할 임무는 직원들을 대하는 자신의 태도를 포함하여 직원들의 의욕을 꺾는 장애물들을 치우는 것이다.

익숙한 문제들

   기업의 관리자들이 쉽게 공감할 수 있는 사례들을 몇 가지 들어보도록 하자. 첫째는 아네트의 이야기이다(여기 나온 사례들은 모두 실제 사건들이다. 다만 이름과 같은 세부적 사항들은 달리 했다.) 아네트는 출판과 그래픽 디자인 관련 대기업에서 수석 디자이너로 근무하고 있다. 아네트가 추진하고 있는 프로젝트에는 콜린이라는 직원이 있다. 콜린은 아웃사이더 스타일이긴 하지만 성과는 괜찮은 편이었다. 어느 날 이 회사는 비용을 줄이고 업무 속도를 높이기 위해 구조조정을 실시한다는 발표를 했고 그 소식에 직원들은 모두 불안해하기 시작했다. 콜린 역시 그 이후부터 달라진 태도를 보였다. 아네트는 물론 콜린의 또 다른 상사인 데이브도 그의 변화를 알아챘다.

   콜린은 새로운 업무를 꺼려하기 시작했고 사후 보고에도 늑장을 부렸다. 아네트는 콜린의 태도가 조직의 규범과 절차를 무시하는 것이라고 생각했다. 그리고 더 이상 업무를 맡지 않으려고 하는 거부의 표현이라고 받아들였다. 아네트는 데이브와 상의를 했고 결국 직접 콜린과 대화를 나누어야겠다고 결정했다. 그나마 자신이 콜린과 가까운 사이라고 생각했기 때문이다.

   아네트는 콜린이 팀 프로젝트에 대해 책임감을 갖기를 원했다. 콜린에게 자신의 생각에 대해 말하자 그는 순순히 지적을 받아들였다. 하지만 콜린이 충고를 받아들였다는 모습은 전혀 확인할 수 없었다. 마치 자신만의 안전한 장소에 숨어 있다는 생각이 들었다. 다른 팀 업무는 기꺼이 도와주면서도 우리 팀의 업무는 계속 소홀히 하고 있다. 아네트는 그가 새로운 조직 문화에 적응하지 못하는 것이 아닌가 염려스러웠다. 이러한 상황이 계속된다면 아네트는 콜린에게 최악의 업무 평가 점수를 주거나, 아니면 보다 한가한 자리로 보내버려야만 할 것이다. 물론 이러한 결정은 콜린에게 좌천을 의미한다.

두 번째 사례는 파올로와 조지에 관한 이야기이다. 파올로는 동유럽 지역에서 국제 부동산 개발업자를 만나는 지역 관리자의 역할을 맡고 있다. 그리고 MBA 출신 공인회계사인 조지는 토지 판매와 지역 기업들과의 전략적 제휴를 담당하고 있다. 그리고 파올로에게 직접 업무 보고를 하고 있다. 조지는 지금까지 거래처 관리 업무를 지원하는 역할만 맡았기 때문에 지금과 같은 업무는 생전 처음 맡아보는 일이다. 그는 유쾌하고 활달한 성격이지만 실적은 평균 이하로 드러났고 그마저 개선의 여지도 별로 보이지 않았다. 실제로 조지는 여태껏 한 건의 토지 계약도 따내지 못했다. 거래처를 만나는 동안에도 수다쟁이 조지는 오로지 쾌활한 모습으로만 일관했다. 하지만 나중에 그가 맡았던 거래들의 상황은 완전 엉망이었거나 경제성이 전혀 없는 것으로 밝혀지곤 했다.

파올로는 이 문제에 관해 조지와 여러 번 말을 했으며 업무 방식을 바꾸어보라는 조언을 수차례 해주었다. 조지는 여전히 호탕한 웃음으로 변명을 했고 언제나 앞으로 달라지겠노라고 약속했다. 그러나 아무 것도 달라지지 않았다. 파올로는 조지가 뻔뻔스럽고 게으른 녀석이라는 생각이 들었다. 거듭된 약속에도 불구하고 조지는 자신의 태도를 고치지 않았다. 거래를 분석하기 위해 필요한 세부 조사 작업도 게을리했다. 화가 머리끝까지 난 파올로는 마침내 최후통첩을 보냈다. 태도를 바꾸던지, 아니면 회사를 그만두라고 강하게 맞섰다. 하지만 파올로에게도 해고 역시 좋은 선택이 될 수 없었다. 이 분야에서 조지만한 경력과 기술을 갖춘 인물을 찾기가 쉽지 않기 때문이다.

파올로는 궁지에 몰렸다. 이 문제를 제대로 해결할 수 없을 것이라는 불안감에 사로잡혔다. 조지는 언제나 약속을 하지만 정말 파올로가 말하는 대로 쫓아올 수 있을까? 자신의 업무에 대해 책임감을 느낄 수 있을까? 아네트 역시 파올로와 마찬가지 상황이다. 콜린이 태도를 바꾸면 팀을 더욱 효율적으로 이끌어 갈 수 있겠다는 생각이 들었다. 하지만 계속 자신의 입장만 늘어놓는 방식으로 콜린의 태도를 바꿀 수 있을까?

관리자들이 흔히 저지르는 실수

위의 두 사례에는 문제 직원들에게 동기를 부여하는 과정에서 관리자들이 겪게 되는 일반적 어려움이 나타나고 있다. 아네트와 파올로는 실적을 높이기 위해 콜린과 조지의 업무 태도를 바꾸어야 한다고 생각하고 있다. 그들은 이렇게 고민하고 있을 것이다. '내 말에 따라와 주기만 한다면 나중엔 더 큰 그림을 이해할 수 있을 텐데.' 하지만 이와 같이 '설득하여 판매하기(tell and sell)' 방식에는 관리자들이 빠지게 되는 치명적 함정이 있다. 그것은 직원들 역시 자신과 똑같은 생각을 하고 있으며 결국 그들도 내가 주장하는 바를 받아들일 수밖에 없을 것이라는 믿음이다.

그러나 사람들은 저마다 다른 내면적 동기와 가치, 그리고 선입견을 갖고 있다. 무엇이 합리적인지에 대한 기준도 저마다 다르다. 이로 인해 관리자들은 직원들에게 동기를 부여하는 과정에서 공통된 상황을 맞이한다. 동기부여라고 하는 술래잡기 놀이에서 관리자들은 아무런 성과 없이 시간만 질질 끌면서 직원들 뒤만 쫓아다니고 있으며 직원들은 관리자들을 피해 계속 도망만 다니고 있다. 간혹 잡히더라도 재빨리 빠져나가 버린다.

위 사례에서 콜린 역시 일대일 면담을 요리조리 피하고 있으며 조지는 지키지도 못할 약속만을 남발하고 있다. 오늘날 기업의 관리자들은 모두 "네, 알겠습니다."라는 말로 끝나는 회의에 너무나도 익숙해 있다. 즉 회의를 통해 결론을 내리지만 문제점은 전혀 개선되지 않고 직원들은 조금도 변하지 않는다.

하지만 아네트와 파올로와 같은 관리자들 역시 이러한 상황에 대해 크게 놀라지는 않는다. 관리자들은 대부분 콜린과 조지와 같은 직원들은 완전히 다른 사람으로 개조해야 한다는 실현 불가능한 목표를 세우고 있다. 그러나 관리자가 직원의 성격을 바꾸는 것은 불가능하다는 사실은 경영관리에서 가장 기본적 원칙 중 하나다. 직원들을 변화시키려면 반드시 그들 내부로부터 이끌어 내는 수밖에 없다.

동기부여를 위한 새로운 접근 방식

아네트와 파올로의 시도가 틀렸다면 올바른 접근 방식이란 과연 어떤 것일까? 나는 여기서 아주 간단한 방법을 하나 제안하고자 한다. 즉 동기부여의 주체를 자신에게서 상대방으로, 관리자에게서 직원에게로 전환해보자. 여기서 중요한 점은 관점의 변화가 필요하다는 사실이다. 문제 직원을 해결해야 할 대상이 아니라 이해해야 할 사람으로 바라보는 인식의 전환이 필요하다(인식의 변화에 대해서는 이 글의 마지막에 있는 '분산화: 동기부여의 핵심 기술' 참조). 여기서 제시하고 있는 접근 방식은 다음과 같은 몇 가지 원칙들을 기반으로 하고 있다.

직원들은 내면에 동기부여의 에너지를 지니고 있다

어떤 직원이 직장 내에서 동기와 열정이 부족하다고 하더라도 직장 밖에서까지 그렇다고는 할 수 없다. 업무에 대한 의욕은 없는 사람도 취미나 관심 분야만큼은 남다른 열정을 가지고 있다. 그러므로 어떤 직원을 동기부여가 아예 불가능한 사람이라고 단정 짓는 태도는 결코 바람직하지 않다. 모든 사람들은 조직의 목표를 향해 역량을 발휘할 수 있는 잠재력을 내면에 가지고 있다.

동기부여의 에너지는 때때로 일터에서 멈추어버린다

직원들의 내적 의욕을 꺾는 것에는 다양한 이유들이 있다. 집안 문제로 인해 갑자기 의욕을 상실할 수도 있고 자신의 꿈과 목표가 오랜 시간에 걸쳐 서서히 좌절되는 경우도 있다. 이로 인해 예전에 가지고 있던 긍정적 에너지가 부정적 태도와 행동으로 바뀔 수도 있고 업무와 상관없는 활동으로 흘러가기도 한다. 직원들의 의욕을 꺾는 가장 대표적 원인으로 상사의 무관심을 들 수 있다. 여러 가지 다양한 이유들로 직원들은 자신의 상사를 달갑게 여기지 않는다. 게다가 이러한 감정은 상호적으로 나타난다. 상사가 직원들에게 관심을 보이지 않는 경우, 직원들도 상사의 말을 귀담아 듣지 않는다.

직원들 스스로 장애물을 제거하게 하라

동기부여에는 유도 기술이 필요하다. 관리자는 우선 직원들의 에너지 흐름을 파악해야 한다. 직원에게 자신의 생각을 강요하는 대신, 직원들 내면으로부터 해결책을 이끌어 내야 한다. 관리자가 문제해결의 관점을 바꾸는 순간, 직원들의 관심을 받을 수 있다. 그리고 직원들 스스로 동기부여의 장애물을 제거하도록 만들 수 있다. 관리자는 어떠한 업무를 통해 동기를 부여할지에 대해 다시 한 번 생각해 보아야 한다. 이러한 변화의 시도는 직원의 역량이나 기술과는 무관하게 직원들의 내면을 통해 최고의 성과를 이끌어 낼 수 있다.

이러한 접근 방식에 대해 동의하지 않는 사람들도 많이 있을 것이다. 예를 들어 "내가 보기에는 너무 미온적이고 애매모호한 방법인 것 같군요."라고 말하는 사람도 있을 것이며 "나는 기업을 이끌어 나가야 하는 사람입니다. 조직의 지시를 거부하는 '외골수'를 이해해야 할 시간도 없을 뿐더러, 그렇게 하고 싶은 마음도 없습니다."라고 말할 수도 있을 것이다.

하지만 첫째, 여기서 제안하고 있는 접근 방식이 감성적 이해를 기반으로 하고 있음에도 불구하고 결코 미온적 방식이라고는 할 수 없다. 이것은 관리자가 나서서 문제 상황을 책임지고 적극적으로 해결해 나가는 방식이다. 오히려 기업의 관리자들이 일반적으로 사용하는 방식이 더욱 더 미온적이다. 대부분의 관리자들은 문제 직원들을 그냥 무시해 버리거나 성과를 개선하라는 쓸데없는 잔소리만을 반복하고 있다. 그러다가 결국에는 화가 나서 아무런 업무도 맡기지 않는다. 이것은 관리자 스스로 문제해결에 실패했음을 의미하는 것이다. 둘째, 여기서 제시하고 있는 접근 방식에는 상당한 시간이 필요하다. 하지만 기존의 접근 방식보다 더욱더 빨리 문제를 해결할 수 있다. 문제 직원들과의 관계의 '수렁'에서 실제로 빠져 나올 수 있기 때문이다.

하지만 이러한 접근 방식은 해결책이라기보다 일종의 결심이라고 볼 수 있다. 관리자들 대부분이 빠져 있는 함정, 즉 문제 직원들을 설득하여 동기를 부여하고자하는 헛된 노력에서 벗어날 수 있게 도움을 줄 수 있다(이 글의 마지막에 있는 '문제 직원과 관련된 일곱 가지 함정들' 참조). 물론 그렇다고 해서 동기부여가 결여된 직원들을 모두 바꾸어 놓을 수는 없다. 문제 직원들이 스스로 태도를 바꾸려고 하지 않는 이상, 관리자들이 이를 변화시킬 수는 없는 것이다.

아래에서 제시하고 있는 세 단계 해결 방안을 통해 관리자들은 최소한 문제 직원들이 회피, 반복, 거짓 약속과 같은 기존의 악순환을 반복하지 않도록 할 수는 있다. 또한 지금까지 생각지 못했던 여러 가지 새로운 방법들을 발견하게 될 것이다. 그리고 관리자들은 진실의 순간(moment of truth), 즉 문제 직원들과 함께 목표로 가는 길을 볼 수 있거나 아니면 어떤 해결책에도 도달할 수 없다는 마지막 결론에 이를 수도 있다.

1단계: 전체적 그림을 그려보라

관리자인 톰은 잭이라는 직원의 업무 성과를 높이기 위해 고민하고 있다. 하지만 많은 노력에도 불구하고 원래 소심한 성격인 잭은 나아지는 기색이 거의 보이지 않았다. 결국 톰은 잭을 조용히 불러 회사를 나가달라고 말했다. 갑작스런 해고 소식에 잭의 동료들은 모두 술렁이는 눈치였다. 하지만 조만간 잭의 집안 사정에 대한 소문이 떠돌기 시작했다. 최근 잭의 부모님 두 분 모두 지병으로 돌아가셨던 것이다. 톰은 물론 동료들도 전혀 모르고 있던 사실이었다.

잭의 사례는 매우 극단적이다. 하지만 이러한 불행한 사건은 직장에서 간혹 일어난다. 지난 몇 년간 잭의 성과는 계속 좋지 못했고 정기적 업무 평가와 관리자들의 회의를 통해 결국 해고 결정에까지 이르고 말았다. 그러나 톰은 뒤늦게 잭의 동료들을 통해 그 이유에 대해 이해하게 되었다. 남에게 어려움을 말하지 않는 잭의 소심한 성격으로 인해 톰은 이를 전혀 알아채지 못하고 있었다. 물론 잭이 톰을 싫어했거나 믿지 않았기 때문에 그러한 말을 하지 않았을 수도 있을 것이다.

그렇기 때문에 관리자의 첫 번째 단계는 문제 직원의 상황을 정확하게 파악하는 것이다. 그 직원을 움직이게 하는 동기는 무엇인가? 그리고 그 동기를 방해하는 것은 무엇인가? 장애물을 제거한다면 그 직원은 어떻게 달라질 것인가? 하지만 이러한 질문이 전부는 아니다. 여기에는 두 가지가 더 필요하다. 그것은 관리자 자신, 그리고 문제가 나타나고 있는 업무 환경이다.

문제 직원들의 사례로 다시 돌아가 보자. 잭의 업무에 지장을 주는 개인적 사정에 대해 톰은 왜 전혀 알지 못하고 있었을까? 아네트는 콜린을 얼마나 이해하고 있을까? 그리고 파올로는 조지의 본래 모습에 대해 얼마나 잘 알고 있었을까? 여기서 분명한 사실은 관리자들은 모두 더 많은 정보를 얻어야 한다는 점이다. 문제 직원의 동료나 부하, 또는 예전 상사로부터 정보들을 얻을 수 있을 것이다.

하지만 가장 중요한 정보는 바로 그 직원으로부터 얻어야 한다. 이를 얻기 위해서 관리자는 문제 직원과 사적 만남을 계속해서 가져야 한다. 차를 마시면서, 점심을 함께 하면서 그리고 회식자리에서 직원의 진짜 모습을 이해하기 위해 노력해야 한다. 그 직원은 자신이 처한 상황에서 어떻게 세상을 바라보고 있을까? 그는 어떠한 경험을 통해 지금과 같은 꿈과 희망을 가지게 되었을까? 그를 움직이게 하는 원동력은 무엇인가? 조직 내에서 그의 열정을 가로막고 있는 요인들은 무엇인가? 이러한 질문에 대답하는 것은 무척이나 어려워 보인다.

하지만 내가 강의를 맡고 있는 최고경영자 과정을 통해 나는 10분 동안의 대화만으로도 이러한 질문에 대한 정보를 얼마든지 얻을 수 있다는 사실을 발견했다. 물론 이를 위해서는 그 직원에게 적절한 질문들을 던져야 할 것이다. 이러한 대화를 위한 가장 좋은 장소는 회식 모임이다. 직원들에게 이러한 질문을 던져보면 아마도 매우 놀라운 대답들을 듣게 될 것이다. 문제 직원들은 자신의 본래 모습을 드러내려고 노력할 것이다. 물론 그들은 좀 생소한 표현들을 사용하여 자신의 생각을 표현할 것이다.

사무실을 벗어나 개인적 대화를 나누려는 노력은 문제 직원에게 동기를 부여하는 출발점이다. 아네트는 콜린과 사적 대화를 여러 번 나누고 나서야, 그가 집을 짓는 일을 좋아한다는 사실을 알게 되었다. 콜린은 집을 지을 때만큼은 열정이 넘친다고 한다.

그 다음으로 스스로를 똑바로 바라볼 수 있어야 한다. 직원들이 직장에 만족을 느끼지 못하고 회사를 그만두는 가장 큰 이유는 바로 직속 상사에게 있기 때문이다. 비록 고의는 아닐지라도 직원들의 의욕을 감소시키는 가장 큰 이유는 상사에게 있다. 관리자들은 직원들을 도와주기 위해 고민을 한다. 하지만 여러 가지 이유들로 인해 직원들로부터 최선이 아니라 최악의 결과를 이끌어 내는 경우가 종종 있다.

관리자는 자신의 마음을 정직하게 돌아보아야 한다. 또한 그 직원에게도 당신이 그에 대해 그린 그림을 채울 수 있도록 물어보아야 한다. 그 직원은 처음에는 이러한 대화를 매우 불편해 할 것이다. 하지만 지속적 노력을 통해 직원들이 가지고 있는 생각의 조각들을 하나씩 맞추어 나가다 보면 곧 진실에 접근할 수 있을 것이다.

직원들의 생각이 공정하지 못하거나 전혀 근거 없는 것일 수도 있다. 하지만 관리자가 반드시 기억해야 할 사항이 있다. 직원들이 실제로 그렇게 느끼고 있다면 결과적으로 그것은 실재한다는 점이다.

다른 부서에서 근무하는 사람들로부터도 다양한 정보를 얻을 수 있다. 파올로는 다른 부서를 맡고 있는 그의 동료에게 조지에 대한 불만을 털어 놓았다. "네가 어떻게 생각할지 모르겠지만 조지는 내가 자신을 괴롭히고 있다고 느끼는 것 같아." 하지만 다음과 같은 동료의 대답에 파올로는 어떠한 표정을 지었을까? "글쎄, 조지의 생각에도 잘못이 있는 것 같아. 하지만 너도 가끔 직원들을 괴롭히는 상사처럼 보일 때가 있어."

이처럼 다양한 통로를 통해 정보를 쌓아나가다 보면 문제 직원과 관계를 회복하는 것이 애초에 불가능한 과제였음을 깨닫기도 한다. 그렇다면 자신이 하고 있던 시도를 모두 포기하고 다른 사람들에게 문제해결을 넘겨야 한다. 자신이 그 직원에게 지시를 내리는 말투와 같이 아주 사소한 것조차 관계를 더욱 악화시킬 수 있기 때문이다. 이러한 경우 관리자 자신이 아무리 장점을 많이 가지고 있다고 하더라도 그 직원에게는 아무런 도움을 주지 못한다. 관리자는 자신의 감정을 누그러뜨리고 이를 받아들이는 수밖에 없다. 물론 관리자들 대부분이 이러한 과정에서 어려움을 겪는다.

그리고 마지막으로 전반적 상황을 파악해야 한다. 문제 직원과 관리자의 관계가 최악으로 치닫고 있는 구조적 상황을 정확하게 이해해야 한다. 아네트의 사례에서 그녀는 구조조정으로 인해 팀의 상황이 어려워졌기 때문에 콜린이 스트레스를 받고 있다고 생각하고 있다. 그러나 그녀 자신도 똑같은 어려움을 겪고 있다. 그렇다면 아네트는 팀 업무보다 콜린의 문제로 인해 스트레스를 더 많이 받고 있는 것은 아닐까? 그리고 아이러니하게도 이 스트레스가 다시 콜린에게 돌아가는 악순환 구조가 만들어진 것은 아닐까?

한편 다양한 채널을 통해 정보를 얻는 과정에서 관리자는 문제를 해결하기 위해서는 정보가 턱없이 부족하다는 사실을 깨닫게 될 것이다. 정보 부족으로 인한 관리자의 선입견은 문제 직원을 이해하는 과정에서 중대한 걸림돌이 될 수 있다. 또한 관리자 자신의 문제점을 제대로 파악하지 못할 수도 있다. 이러한 여러 가지 이유들로 인해 구조적 차원에서 문제점을 파악하는 것은 더욱 어려운 일이 된다. 그래서 대부분 관리자들은 문제가 어떠한 모습으로 진행되고 있는지, 그리고 복잡하게 얽힌 문제 속에 자신은 어떻게 얽혀 있는지를 이해하기 위한 노력을 포기하고 단순히 문제 직원의 탓으로만 돌리려고 하는 유혹을 받게 된다.

하지만 이러한 성급한 결론에서 벗어나야 그 직원을 온전히 이해할 수 있고 원래 해결하고자 했던 문제에 대해 계속 고민할 수 있을 것이다.

2단계: 원래의 목표를 수정하라

한스는 스위스에 있는 중개 업무 회사에서 한 부서를 담당하고 있다. 그곳의 지원팀은 루카를 포함해 총 12명의 직원들로 구성되어 있다. 지원팀은 고객 업무를 담당하고 있지만 실제로 고객들과 접촉하는 일은 거의 없다. 루카는 회사 내 평판이 별로 좋지 않으며 특히 비서들과 관계가 좋지 못하다. 루카에 대한 문제로 인해 지원팀은 내부적으로 양분되어 있다. 한스는 루카의 이러한 점을 못마땅하게 여기고 있다. 사실 루카는 한스와 전혀 공통점이 없는 사람이다. 루카는 잘생긴 외모에 경제적으로 넉넉하지 않으면서도 스포츠카를 무척 좋아하는 사치스런 부류의 사람이다. 루카 역시 한스를 별로 좋아하지 않는 눈치다.

업무 성과는 크게 나쁘지 않지만 루카는 비서들과 관계가 껄끄러우며 가는 곳마다 정치적 문제들이 발생한다. 한스는 루카가 이러한 점들만 고치면 팀의 성과가 더욱 좋아질 것이라고 생각하고 있다. 한스는 그 전에도 여러 번 루카에게 주의를 주었지만 아무런 소용이 없었다. 결국 한스는 그를 다른 부서로 쫓아버리기로 마음먹었다. 그러나 사석에서 루카의 팀 동료들은 여러 가지 문제점에도 불구하고 그와 함께 일하기를 원한다고 한스에게 이야기했다. 그래서 어쩔 수 없이 루카의 부서를 옮기려는 계획을 포기하고 그에게 공식적으로 문제점을 고칠 것을 요구하기로 하였다.

한스는 이렇게 불만을 토로하고 있다. "저는 합리적인 사람입니다. 문제점을 고치고 업무 성과를 높이기 위해 적절하고 합리적이라고 생각되는 방법을 루카에게 여러 번 제안했지만 그는 아무런 이유 없이 이를 묵살하고 있습니다. 저는 어떻게 해야 하는지에 대해 루카에게 자세하게 설명해 주었습니다. 그럼에도 불구하고 루카는 제 말에 순순히 따르지 않고 있습니다. 그 이유가 뭘까요?" 우리는 그가 처한 상황을 쉽게 공감할 수 있다.

한스와 똑같은 상황에 처했다면 대부분의 관리자들 역시 쉽게 포기했을 것이다. 루카를 그냥 내버려 두던가, 아니면 그를 해고해 버렸을 것이다. 즉 자신의 생각을 그에게 강요하고 그의 생각은 그냥 무시했을 것이다. 하지만 이로 인해 문제 직원에게 동기를 부여하고 문제를 해결할 수 있는 기회의 폭은 매우 좁아져 버렸다. 이와는 달리, 문제 직원을 심판하려는 욕심을 버리고 상황을 개선함으로써 얻을 수 있는 장점에 대해 집중했더라면 더 폭넓은 기회를 발견할 수 있었을 것이다. 다시 말해 원래의 목표를 잠시 접어두고 다양한 성과에 집중을 한다면 더 효과적인 방법을 찾을 수 있을 것이다.

  이 사례를 보면 한스는 자신의 생각대로 루카의 업무 태도를 바꿀 수 있을 것이라고 믿고 있다. 하지만 업무상 문제를 일으키고 팀 내분의 주범임에도 불구하고 동료들이 루카와 함께 일을 하고 싶어 하는 까닭은 무엇일까? 한스는 상황을 더욱 자세하게 파악하기 위해 팀 전체를 통해 정보를 수집하기 시작했다. 그러던 중에 지원팀의 업무 중 고객과의 접촉이 차지하는 비중이 너무 낮다는 문제점을 발견했다. 이러한 문제점으로 루카의 의욕과 만족도가 떨어졌을 가능성도 있다. 또한 지원팀의 역할을 '우물 안 개구리' 정도라고 팀원들이 생각하고 있을 수도 있다. 그리고 최근 실시한 인센티브 프로그램과 팀 구축 사업에 대한 한스의 무성의한 태도가 직원들의 심리 상태를 더욱 악화시켰을 수도 있을 것이다.

  이러한 관점에서 본다면 루카의 행동은 문제의 원인이 아니라 결과라고 할 수 있다. 한스는 루카와 관련된 문제를 파악해 나가기 시작하면서 가십거리를 만들어내고 조직 내 정치 활동에 주력하는 루카의 기질을 조직 구축과 같은 생산적 업무에 활용할 수 있다는 아이디어가 떠올랐다. 비서들과의 관계를 개선하는 것이 루카에 관한 문제를 해결할 수 있는 가장 일차적 과제일 것이다. 하지만 루카에게 동기를 부여하기 위한 근본적 해결책은 루카의 장점을 활용하여 부서의 전반적 업무 환경을 개선하는 것일 수도 있다.

  루카의 문제를 다시 한 번 들여다보자. 한스가 원래 입장을 바꾼 것은 루카에게 항복했기 때문이 아니다. 더욱 적합하고 현실적 목표를 제시하여 루카가 따라올 수 있도록 합의를 제안했던 것이다. 하지만 원래의 목표를 탄력적으로 조정함으로써 한스는 전에는 생각지도 못했던 획기적이고 놀라운 기회를 만나게 될 것이다. 즉 이러한 노력으로 원래 목표보다 더 탁월한 성과를 만들어 낼 수도 있다. 그리고 루카로부터 최소한 그 이전보다는 더 높은 성과를 이끌어 낼 수 있을 것이다.

문제 직원과의 공식적 면담을 실시하기 이전에 관리자는 가능한 결과들의 목록을 작성해 보아야 한다. 그리고 가능성이 별로 없어 보인다고 해서 뜻밖의 해결책을 얻을 수 있는 가능성을 배제해서는 안 될 것이다. 물론 '무엇이든 다 좋다' 라는 식으로 목록을 만들어서는 안 된다. 관리자로서 지켜야 할 최후의 보루는 확고하게 지켜야만 한다. 그렇기 때문에 합리적 해결책을 찾지 못했다면 그 직원에 대한 해고는 어쩔 수 없이 받아들여야만 할 것이다.

3단계: 직원과 대면하는 자리를 만들어라

제약 회사에 근무하고 있는 제리는 최근 부서장으로 승진하였다. 새로운 업무를 시작할 즈음, 그는 버나드라고 하는 골치 아픈 직원이 있다는 사실을 발견했다. 그는 자신의 기술적 역량을 평가받을 수 있는 분명하고 복잡한 과제에는 탁월한 실력을 발휘하는 것으로 알려져 있었다. 하지만 문제는 업무 현황에 대해 보고를 제때 하지 않는다는 점이었다. 버나드가 보고를 할 때는 제리가 할 수 있는 일은 아무 것도 남아 있지 않은 상황이었다. 게다가 버나드는 자신의 방식만을 고집했다. 제리는 버나드가 결과에 차질을 주지 않으면서 더 신속하게 업무를 처리할 수 있을 것이라고 생각했다. 하지만 제리가 이러한 생각들에 대해 말하자, 버나드는 도통 이해하기 힘든 기술적 용어들을 들먹이며 변명을 늘어놓았다.

얼마 후 제리는 버나드가 그전에 승진 기회를 한 번 놓쳤으며 그 이후로 태도가 돌변했다는 이야기를 들었다. 그리고 자신보다 기술적 지식이 모자란 사람에게 업무 보고를 해야 한다는 사실이 못마땅하다고 공공연히 떠들고 다닌다는 소문도 듣게 되었다. 제리는 회사가 버나드에게 진작 경고를 주었어야 한다는 생각이 들었다. 하지만 좀 더 부드러운 방식으로 버나드를 설득시킬 수 있는 방법이 없을지 고민해 보기로 하였다.

제리는 그에게 이렇게 말을 건네 보았다. "요즘 어떤 일을 하고 있습니까?" 그리고 이렇게 덧붙였다. "당신은 언제나 새로운 방식으로 문제를 해결하는 것 같군요." 하지만 버나드의 반응은 싸늘했다. "아마 제가 하고 있는 일은 설명을 드려도 잘 모르실 겁니다." 버나드의 연구가 팀의 성과에 기여를 거의 하지 못하고 있었기 때문에 제리의 머리는 더욱 복잡해졌다. 시간이 지날수록 두 사람 사이의 긴장은 점점 높아만 갔고 해결의 실마리는 도무지 보이질 않았다.

버나드의 업무 성과를 높이기 위해 제리는 위에서 언급한 1단계에 착수했다. 그는 버나드에 대해 다양한 정보들을 수집하고 제리가 부서장으로 온 것을 포함하여 버나드가 조직 생활에서 겪은 다양한 경험을 여러 각도에서 살펴보았다. 그러던 중 버나드가 자신의 자존심을 지키기 위해 무척이나 애를 쓰고 있다는 사실을 발견했다. 승진에서 탈락되었을 때, 그는 자존심에 큰 상처를 받았을 것이다. 아마도 이로 인해 상사의 지시를 거부하고 있을지도 모른다는 생각이 들었다.

다음으로 제리는 2단계에 착수하여 문제 상황에 대한 전반적 그림을 그려보았다. 그리고 버나드의 문제를 개선하면 무엇을 얻을 수 있는지에 대해 곰곰이 생각해 보았다. 대부분의 직장 상사들이 그러하듯이 제리의 상사 역시 비슷한 충고를 주었다. 부서장으로서의 권위를 확실하게 느끼게 해주고 업무 태도를 바꾸던지 아니면 회사를 나가라고 강하게 밀어붙이라는 조언이었다.

그러나 제리는 이러한 접근 방식이 도움이 되지 않을 것이라고 생각했다. 그래서 자신의 자존심을 지키고 존경과 인정을 받고 싶어 하는 버나드의 성향을 바탕으로 문제를 해결해 나가기로 마음먹었다. 제리는 우선 버나드 스스로 자신에게 해가 되고 있는 행동을 하고 있다는 사실을 인식하도록 하였다. 또한 그러한 에너지를 생산적 방향으로 전환하면 엄청난 보상과 조직의 인정을 받을 수 있을 것이라는 것을 확인시켜 주었다.

동시에 제리는 자신이 좀 더 강해져야 한다고 다짐했다. 마지막 3단계로 들어가 버나드와 일대일 면담에 집중했다. 그 전에 제리는 문제 상황을 다시 한 번 분석해 보았다. 그리고 버나드가 아니라 자기 자신에 대해 생각해 보았다. 제리는 자신이 버나드에 대해 부정적 감정을 갖고 있다는 사실을 깨달았다. 사실 버나드의 거만한 표정만 보아도 기분이 나빠졌다. 하지만 일대일 면담을 하기 위해서 제리는 먼저 버나드에 대한 부정적 감정부터 없애야 된다는 생각이 들었다. 그리고 한 걸음 더 나아가 자신도 문제의 일부이며 문제해결을 떠나서 자신이 버나드를 대하는 태도를 바꾸어야겠다고 생각했다. 그리고 자신이 먼저 태도를 바꾸면 버나드도 문제 상황을 달리 보게 될 것이라고 확신했다.

문제 상황에 대한 전반적 그림을 그려보기 위해 사적 자리를 만드는 것과는 달리, 3단계의 면담은 보다 공식적 회의의 형태를 갖추어야 한다. 문제 직원에게 회의의 중요성에 대해 먼저 인식을 시켜야 하고 사전에 신중한 분위기를 마련해야 한다. 그리고 회의실과 같이 중립적 장소를 선택하는 것이 좋다.

또한 최소한 한 시간 이상 면담을 지속해야 한다(첫 번째 회의의 성과에 따라 추가적으로 회의를 더 가져야 할지 결정할 수 있을 것이다). 또한 최소한 하루 전에 직원에게 회의 일정에 대한 통보를 하는 편이 좋다. 그리고 어떤 준비 자료도 필요 없다는 사실을 알려 주어야만 한다. 공식적으로 업무를 평가하는 자리가 아니라 업무적 관계를 검토하고 개선하기 위한 것이라는 점을 밝혀 두어야 한다. 사실 이 회의에 필요한 것은 대화를 나눌 수 있는 의자와 책상밖에 없다.

회의는 내가 긍정적 선언(affirmative assertion)이라고 부르는 '부드러우면서도 엄숙한' 간단한 소개말로 시작한다. 여기서 관리자는 조직 내 그 직원이 차지하고 있는 과거 및 미래 가치에 대해 언급하고 회의를 통해 얻을 수 있는 상호간의 이익을 제시해야 한다. 그리고 현재 상황에 대해 자신이 느끼고 있는 바를 솔직하게 전달해야 한다. 그리고 지금과 같은 문제가 앞으로 계속되어서는 안 된다는 사실을 강조한다. 다음은 제리의 소개말이다.

"회의에 참석해줘서 고맙습니다. 나는 지금까지 우리의 관계에 대해 생각해 봤습니다. 만족스럽다는 생각은 들지 않더군요. 버나드 당신도 아마 비슷하게 느끼고 있을 것이라 생각해요. 사실 정확하게 문제가 무엇인지 아직은 잘 모르겠습니다. 그래서 이 기회를 통해 대화를 한 번 나누어 봤으면 해요. 우선 나는 당신이 뛰어난 인재라고 생각하고 있습니다. 또한 당신이 회사에 제안했던 아이디어에 대해 높게 평가하고 있습니다.

하지만 함께 일해 왔던 모습을 살펴보면 우리는 서로 다른 관점에서 업무를 바라보고 있는 것 같습니다. 나는 당신의 업무 태도가 썩 마음에 들지는 않아요. 아마 당신도 비슷할 것이라고 생각합니다. 이제 우리 함께 새로운 분위기 속에서 함께 일할 수 있는 방법을 찾았으면 합니다. 나는 이 문제를 반드시 해결할 수 있을 것이라고 확신합니다. 그리고 결코 이대로 내버려 두지는 않을 겁니다."

다음은 내가 수단적 질문법(leverage questioning)이라고 부르는 방식을 활용할 차례다. 수단적 질문법이란 문제 상황에 대한 전반적 그림을 그리는 동안 세워 두었던 가설을 집중적이면서도 폭넓은 질문으로 던져보는 방식을 말한다. 제리의 질문들은 생산적인 결과를 위해 함께 선택할 수도 있는 방법들과 버나드가 원하는 바를 아는 데 도움이 된다. 수단적 질문법의 목적은 그전에 잘 알지 못했던, 협력을 통한 생산적 성과의 가능성을 확인하는 것이다. 또한 서로 간의 입장 차이를 공식적으로 확인할 수도 있다. "네, 알겠습니다."로 끝나는 직원들이 이의를 제기하지 하지 않는 구태의연한 회의와는 정반대되는 것이다.

수단적 질문법에는 세심한 주의가 필요하다. 자칫하면 기존의 방식에서 벗어나지 못할 수도 있고 사실 규명이나 논쟁의 상황으로 떨어질 수 있기 때문이다. 그리고 이러한 위험을 피했다고 하더라도 그 직원은 여전히 회피적, 방어적, 적대적 태도로 대화를 거부할지 모른다. 하지만 우리는 문제 상황을 새롭게 인식하기 위해 그리고 문제 직원의 에너지를 활용할 수 있는 기회를 찾기 위한 회의가 아무런 성과 없이 씁쓸하게 끝나버릴 수 있는 위험한 순간을 슬기롭게 헤쳐 나와야만 한다.

제리는 이렇게 민감한 질문을 던지고 있다. "기술적 지식에선 당신이 나보다 훨씬 앞서 있다는 사실을 잘 알고 있어요. 좋습니다. 그러면 내가 무엇을 해야 할까요? 내가 당신을 위해 할 수 있는 일은 없나요?"

버나드는 이렇게 대답한다. "네, 없습니다. 여기서 기술 관련 업무를 하는 사람들은 사실 제대로 된 대접을 받지 못하고 있어요."

그러면 제리는 이렇게 대답한다. "정말 그렇게 생각합니까? 글쎄요, 과거에는 분명 그러한 문제가 있었다고 생각해요. 승진에서 누락되었을 때 어떻게 느꼈을지 저는 충분히 이해할 수 있습니다. 하지만 나는 기술 인력이 중요하다는 사실을 잘 알고 있어요. 앞으로 당신의 재능을 제대로 활용할 수 있는 방법을 반드시 찾아낼 겁니다. 저를 믿어도 좋아요."

수단적 질문법은 결정적 순간에 도달하기 위한 준비 과정이다. 제리와 버나드는 수단적 질문법을 통해 문제 상황에 대한 공감대를 어느 정도 형성하게 된다. 이제 제리는 버나드를 자신이 생각하고 있는 해결 방안, 즉 버나드 스스로 동기를 부여할 수 있는 지점을 향해 이끌어 가고 있다. 여기서 다시 유도의 비유로 돌아가 보자. 대화에서 제리는 앞으로 상황이 달라질 것이라고 말함으로써 버나드의 공을 막았다. 이제 버나드 스스로의 에너지를 이용하여 목표를 향하는 힘을 얻고자 한다.

"버나드, 솔직히 말해줘서 고맙습니다. 나 역시 당신만큼 이 문제를 훨씬 더 깊이 이해하게 되었습니다. 업무를 조정하면 당신의 특별한 능력을 더 활용할 수 있는 방법이 있을 것이라 생각합니다. 요즘 우리 부서와 팀 내에서 독특한 형태의 자문 서비스나 교육 과정을 만들어 보려는 구상을 하고 있어요. 구체적 틀이 마련되면 곧바로 회사에 제안을 하려고 합니다. 다음 주에 다시 한 번 얘기를 나누도록 해요. 무엇보다도 회사는 당신을 꼭 필요로 하고 있다는 점을 알아주었으면 해요. 지적했던 것과 같은 문제는 다시는 일어나지 않을 겁니다. 어떻게 생각하십니까?"

폭넓게 나타나는 효과

여기서 내가 제시하고 있는 접근 방식은 합의이지, 결코 정답은 아니라는 사실을 다시 한 번 명심하자. 그 차이점을 이해하기 위해 아네트와 파올로의 사례로 돌아가 보자. 아네트는 콜린을 움직이게 하는 힘이 무엇이며 어디서 막혀 있는지를 파악하기 위해 사적 대화를 시도했다. 이를 통해 콜린은 직장 밖에서는 활력이 넘치는 사람이라는 사실을 깨달았다. 하지만 조직 내 스트레스에는 잘 대처하지 못하고 있다. 그리고 자신을 가장 필요로 할 때 조직에 제대로 기여를 하지 못한 경우, 콜린은 가장 많은 스트레스를 받는다는 사실도 알게 되었다. 콜린은 자신이 거창하지는 않더라도 새로운 역할을 맡을 수 있기를 바라고 있었다. 마침내 아네트는 콜린을 움직이게 하는 힘은 다른 사람들을 도와주는 일이라는 결론을 내렸다. 그렇다면 어떻게 동기를 부여해야 할까? 대화를 나누다가 콜린은 교육 과정에 대한 자신의 아이디어를 내놓았다. 그리고 불과 몇 개월 만에 그는 사내 교육과 관련된 새로운 업무를 맡게 되었다.

아네트에 비해 파올로의 문제는 좀 더 심각한 상황이었다. 그리고 결말 역시 좋지만은 않았다. 파올로와 조지 역시 합의에는 도달하였지만 문제해결에는 이르지 못했다. 파올로는 조지가 업무에 대한 책임감을 느끼기를 원했다. 하지만 오랜 고민 끝에 문제를 해결하기 위해서는 조지가 힘든 결정을 내려야만 한다는 생각이 들었다. 조지와의 면담에서 파올로는 업무 성과에 관한 구체적 데이터를 보여주었다. 이 자료들은 조지가 자신이 새로운 업무를 제대로 처리하지 못하고 있으며 이를 해결하기 위한 의지도 크지 않다는 사실을 보여주고 있었다.

결국 파올로는 고객들을 많이 만나지 않아도 되는 부서로 조지를 옮겨주기로 약속했다. 하지만 조지가 부서를 떠나기 전에 결론은 이루어졌다. 면담이 있은 뒤 2주 후에 조지는 다른 기업의 스카우트 제안을 받아들였다. 아네트처럼 문제를 완벽하게 해결하지는 못했지만 파올로는 자신이 우려했던 최악의 상황은 피할 수 있었다고 위안은 할 수 있었다. 조지를 해고하였더라면 그는 파올로와 회사에 대해 좋지 않은 감정을 가지고 떠났을 것이다. 조지 역시 결정적 순간에 직면함으로써 결국 새로운 시작을 가능하게 해준 파올로의 노력에 아마 고마워하고 있을 것이다.

문제를 완전히 해결하였든지, 아니면 합의에만 그쳤든지 간에 여기서 제안하고 있는 접근 방식의 효과는 문제 상황과 당사자의 범위를 훨씬 넘어서서 나타난다. 즉 문제 직원에게 동기를 부여하는 효과 이외에 조직 전반적으로 동기를 불어넣는 기회를 마련할 수 있다.

문제 직원을 변화시키려고 하는 노력을 통해 다른 직원들의 의욕 수준을 높일 수 있다. 직원들이 보편적으로 가지는 불만 중 하나는 상사가 어떤 직원의 업무 성과가 떨어지는 것을 보고도 아무런 신경을 쓰지 않는 것이다. 일반적으로 상사들은 문제 직원을 그냥 내버려둔다. 그리고 문제 직원에 대한 노력에는 비용만 들고 아무런 성과가 없을 것이라고 미리 단정지어 버린다. 그렇기 때문에 문제 직원이 스스로 에너지를 회복하여 열심히 일을 하려고 변하지 않는 이상, 조직 내에는 어떠한 변화도 일어나지 않는 것이다.

예전에 문제가 있었던 직원이라고 해서 함께 일하기를 꺼려하는 직원은 거의 없다. 그리고 문제 직원에 대한 관리자의 관심은 다른 직원들에게도 강한 인상을 줄 수 있다. 직원들이 문제 직원을 '해결해 주도록' 바라는 것은 결코 그를 해고하라는 뜻이 아니다. 한스 역시 루카를 해고하려고 했을 때, 그의 동료들은 모두 이를 반대했다. 설사 직원을 변화시키려는 노력이 실패로 돌아가서 그 직원이 결국 조직을 떠난다고 해도 직원들은 그 상사의 노력을 인정할 것이며 밀어붙이기식 해고가 아니라 문제를 해결해 나가려고 하는 기업문화를 이해하게 될 것이다. 그렇지 않고 무작정 해고부터 한다면 자신이 다음 차례가 아니라고 누가 확신하겠는가?

이러한 접근 방식의 효과는 조직 전반에 걸쳐 나타난다. 물론 여기에는 많은 시간이 필요하다. 쉽게 추진할 수도 없으며 그 과정도 위험과 실패로 가득 차 있다. 일부 직원들은 여기에 빨리 반응하기도 하지만 대부분 상사와의 관계를 개선하고 업무를 효율적으로 처리하기까지 상당한 시간을 필요로 한다. 하지만 분명한 사실은 이러한 접근 방식은 직원의 내적 에너지를 기반으로 관리자와 직원들 모두에게 올바른 해결책을 제시할 수 있다는 점이다. 그리고 문제 직원의 열정을 다시 이끌어 내어, 더 건강하고 효율적인 조직 구축에 기여할 수 있을 것이다.

:: 분산화: 동기부여의 핵심 기술

여기서 설명하는 동기부여 방법의 개념적 기초는 '분산화(decentering)'이다. 프랑스 아동 심리학자 장 피아제(Jean Piaget)는 아동의 고정된 자기중심적 인식 상태에 대해 연구하였다. 그에 따르면 아동들은 각각 서로 다른 자신들만의 인식 기반을 갖고 있다. 예를 들어 자신이 앉은 위치에 따라 테이블의 모양이 서로 다르다고 말한다. 그리고 아동의 사회적 인식도 이와 마찬가지라고 한다. 즉 아이들이 어떤 사람에 대해 공감을 느끼는 경우, 그 사람에 대한 가치와 동기가 달라진다.

하지만 어른들 또한 아이들과 크게 다르지 않다. 자신이 좋아하는 사람의 감정은 어떻게든 이해하려고 노력한다. 그러나 대부분의 사람들에 대해서는 교통체증 때와 같이 신경질적 감정으로 대한다. 자신은 항상 옳은 반면 추상적이며 실체가 없고 실재하지 않는 것처럼 보이는 타인들은 모두 틀렸다고 생각한다. 문제 직원의 관리자나 상사에게 그에 대해 한번 물어보라. 그러면 보통 이러한 대답을 듣게 될 것이다. "게으르다", "재미없다", "솔직하지 못하다" 등. 하지만 자신에 대해서는 결코 그렇게 생각하지 않을 것이다. 직장에서 흔히 발견할 수 있는 이러한 편협한 사고방식은 수직적 조직 문화인 경우 더 두드러지게 나타난다.

사실 문제 직원과 거리를 두는 편이 마음이 더 편하다. 그 직원을 하나의 문제로 또는 보상과 처벌을 통해 처리해야 하는 대상으로 치부해 버리면 애써 그들의 생각과 감정을 이해할 필요가 없기 때문이다. 그들을 이해하고자 노력한다면 스스로에 대한 확신마저 무너질 수 있다. 예를 들어 문제 직원의 시선으로 상황을 바라보기 위해 노력하다가, 기존의 내 생각이 틀렸다고 밝혀지면 어떻게 할 것인가?

기존에 갖고 있던 생각과 관점들을 허물어 버리는 분산화의 기술을 사용하기 전에 우선 이와 같은 질문을 스스로에게 던져 볼 필요가 있다. '문제 직원과 같은 성격과 생각을 가진 사람이 나와 같은 선입견과 동기를 가진 사람을 직장 상사나 고객, 혹은 부하로 만난다면 어떤 일이 벌어질까?' 이 질문에 대해 곰곰이 생각해 보면 문제 직원과의 면담을 준비하기 위한 전략을 짤 수 있을 것이다.

분산화는 문제 직원과 함께 해야 하기 때문에 더 힘들다. 하지만 직원을 설득하여 동기를 부여하려는 방식보다는 훨씬 쉽고 효과도 더욱 뚜렷하다. 당신이 별로 좋아하지 않는 직원을, 그리고 당신을 믿지 않는 직원을 설득하는 것만큼 어려운 일이 어디 있 겠는가?

:: 문제 직원을 대하는 일곱 가지 함정

뽕나무 덤불 놀이
나무 주위를 빙글빙글 맴도는 뽕나무 덤불 놀이처럼 문제 직원과 아무런 결론도 없이 실속 없는 대화만 계속 나누고 있는 것은 아닌가? 그렇다면 다른 접근 방식이 필요하다. 그 직원에 대한 기존의 생각들은 모두 벗어던지고 새롭게 시작하자.

물건을 강매하는 영업사원
'설득해서 판매하기'의 방식, 즉 자신의 논리가 타당하다고 직원을 설득하려 들지는 않는가? 직장 상사는 전도사가 아니라 심리학자가 되어야 한다. 유능한 세일즈맨들은 소비자의 마음을 돌리려고 하기보다 그 사람의 요구 사항을 파악하고 충족시키기 위해 노력한다.

모르는 게 약이다?
문제 직원에 관한 구조적 상황도 파악하지 않은 채, 문제를 그냥 덮어 두려고만 하고 있지는 않은가? 직원을 움직이는 원동력과 그 원동력을 가로막고 있는 존재를 파악하려면 더욱더 깊이 파고들어야 한다.

자기중심적 함정
그 직원의 특정 행동을 보면 기분이 나빠지는가? 다른 직원이 그러한 행동을 해도 그러한 느낌이 드는가? 이러한 비교를 통해 문제의 핵심을 꿰뚫는 통찰력을 얻을 수 있다.

재판관의 자세
엄격한 도덕적 잣대를 가지고 직원을 심판하고 있지는 않은가? 판사나 성직자의 시선으로 직원을 판단하는 것은 문제해결에 아무런 도움이 되지 않는다. 진정 문제를 해결하고 싶은 것인지, 아니면 판사 노릇을 즐기고 싶은 것인지 먼저 결정하라.

흑백 사진

직원의 개성을 살리지 못하고 있는가? 그렇다면 심각하게 고민을 해보자. 특정 직원에게서 한 가지라도 긍정적인 점을 발견할 수 있다면 흑백 사진과 같던 관계는 이제 컬러 사진으로 변할 것이다. 이는 관리자가 직원에게 다가가는 출발점이다.

무시의 위험

다른 사람들이 자신을 어떻게 생각하는지 애써 외면하고 있지는 않은가? "다른 사람들이 그렇게 느끼고 있다면 그것은 결국 실재하는 현실이다."라는 말을 다시 한 번 명심하자. 직장 상사라는 지위는 자신 혼자만의 것이 아니라 직원들에게는 업무 현실로서 존재한다.

# 5

MBO를 위한 제안: 누가 만든 목표인가

해리 레빈슨
Harry Levinson

요약 | MBO를 위한 제안: 누가 만든 목표인가

해리 레빈슨은 『하버드 비즈니스 리뷰』를 통해 동기부여라고 하는 수수께끼를 풀 수 있는 실무적 통찰력을 제시하고 있다. 복잡한 기업 조직에 자극을 주고 올바른 방향으로 조직을 이끌어 갈 수 있는 가장 강력한 무기인 동기부여에 대한 바람직한 사례와 잘못된 사례를 통해 우리들에게 색다른 관점을 던져준다.

직원들에게 동기를 부여하기 위해서 경영자는 다음 질문에 집중해야만 한다고 그는 주장하고 있다. '개인과 조직의 요구 사항을 동시에 충족시키려면 어떻게 해야 할 것인가?' 기업은 동기를 부여할 수 있는 프로그램을 짜고 이를 바탕으로 직원들에게 압력을 가한다. 하지만 이 과정에서 경영자는 직원들이 자신의 심리적 욕구를 실현하기 위해 일을 한다는 진실을 놓치고 있다. 헌신은 개인적 욕망에서 출발하여 조직의 목표를 이루고자 하는 형태가 되어야만 한다.

기존의 MBO(management by objectives, 목표관리) 프로그램, 그리고 이를 실현하기 위한 평가 시스템은 동기부여의 측면에서 나타나는 직원들의 심리적 요소를 전혀 반영하지 못하고 있다. 관리자들은 항상 비현실적 목표에 시달리고 있다. 그리고 성과를 기준으로 직원들을 평가하는 과정에서 전반적으로 심한 부담감을 느낀다. 게다가 그들은 직원들에 대한 평가라고 하는 조직의 중차대한 업무를 너무나도 형편없이 처리하고 있다. 그리고 그 과정에서 직원 개개인의 요구 사항은 외면당하고 있다.

다양한 기업 사례에서 확인할 수 있듯이, 레빈슨은 여기서 MBO가 조직을 파괴하는 과정과 결국 직원들의 부담으로 이어지는 상황에 대해 살펴볼 것이다. 물론 그렇다고 해서 MBO와 평가 시스템 자체에 반대한다는 뜻은 아니다. 대신 '누구의 목표인가?'라는 질문을 던짐으로써 효율적 경영관리를 위한 건설적 대안을 제시하고 있다.

MBO를 위한 제안: 누가 만든 목표인가

회사와 개인의 목표

오늘날 MBO는 경영관리 전반에서 확고한 자리를 잡았다. 하지만 아직까지도 MBO 프로그램들은 직원들의 적대감과 분노, 그리고 상사와 직원 간의 불신을 해결하지 못하고 있으며 심지어 더 심화시키고 있다. 기업 사례 전반에서 확인할 수 있듯이, 최근 기업들이 추진하고 있는 MBO는 산업공학 이론에서 살짝 이름만 바꿔서 고위 관리자들에게 적용하는 형태를 띠고 있다. 그렇기 때문에 직원들의 반발심은 여전히 그대로 남아 있다.

MBO의 이상과 현실 사이에 무언가 크게 잘못된 것이 있는 듯하다. MBO와 평가 시스템의 근본 취지는 합리적 경영관리를 강조한 프레더릭 테일러(Frederick Winslow Taylor)의 전통을 따르고 있다. 특정 업무를 어떤 직원에게 맡겨야 하는지, 업무 관리 권한은 어떻게 배분해야 하는지, 그리고 보상 체계는 어떻게 설계해야 하는지에 대한 질문에 초점을 맞추고 있다. MBO의 주요 목적은 공평하고 합리적 조직을 구축하고 정확하게 성과를 예측하고 평가하고 그리고 직원들이 스스로 목표를 세움으로써 동기부여의 가능성을 높이는 것이다.

업무 범위를 분명하게 구분하고 직원 스스로 세운 목표를 기준으로 실적을 평가하려는 시도는 분명 매우 합리적 방안이라고 볼 수 있다. 업무 성과에 대한 문제를 관리자와 직원이 함께 고민하는 것 역시 바람직한 일이다. 그리고 관리자와 직원이 업무 내용에 대해 합의를 이루려고 하는 노력 또한 중요하다.

그러나 테일러 전통이 주목하고 있는 합리화의 개념과 같이, 시스템적 차원에서 MBO는 경영관리적 환상에 불과하다. 그 이유는 동기부여의 기반이라고 할 수 있는 직원들의 감성적 요소들을 제대로 반영하지 못하고 있기 때문이다.

다양한 기업 사례에서 확인할 수 있듯이, 나는 여기서 MBO가 조직을 파괴하는 과정과 결국 직원들의 부담으로 이어지는 상황에 대해 살펴볼 것이다. 물론 그렇다고 해서 내가 MBO와 평가 시스템 자체에 반대한다는 뜻은 아니다.

대신 '누구의 목표인가?' 라는 질문을 던짐으로써 효율적 경영관리를 위한 건설적 대안을 제시하고자 한다. 여기서 제시하고 있는 방안들은 심리적 측면과도 밀접한 관련이 있다. 그리고 특히 다양한 방안들의 기반이 되고 있는 동기부여의 전제와도 깊은 연관이 있다.

'이상적' 시스템의 허점

MBO와 평가 시스템은 서로 밀접한 관련을 맺고 있다. 그렇기 때문에 여기서는 이 두 가지를 하나의 개념으로 묶어서 설명하고자 한다. MBO와 평가 시스템의 목적은 다음과 같다.

- 업무 성과에 대한 측정과 평가
- 개인의 성과와 조직 목표 연결
- 업무 내용 및 성과 예측을 구체적으로 정의
- 직원들의 업무 능력을 높이고 개발을 장려
- 상사와 직원들 간의 의사소통 개선
- 연봉과 승진을 결정하는 평가 기준 마련
- 동기부여를 자극
- 조직을 관리하고 통합하기 위한 해결 방안 마련

주요 문제점

일반적 관점에 따르면 이상적 업무 시스템은 총 5단계로 이루어져 있다. ① 업무 내용에 관한 관리자와 직원의 개별적 논의 ② 직원 개인의 단기적 목표 수립 ③ 목표를 달성할 수 있도록 직원의 능력을 개발하기 위한 관리자와 직원 간의 회의 ④ 직원의 능력 향상을 측정하기 위한 기준 마련 ⑤ 실적 평가를 위해 정해진 기간의 마지막에 관리자와 직원과의 논의. 이러한 이상적 업무 시스템을 실현하기 위해서는 관리자와 직원은 자주, 심지어 매일매일 회의를 가져야 한다. 연봉 문제는 별도의 회의를 통해 해결해야 할 것이다. 하지만 이러한 이상적 시스템은 현실적으로 다음과 같은 많은 허점들을 드러낸다.

- 직원들이 자신의 직무기술서(job description)를 아무리 구체적으로 작성한다고

해도 여기에는 필연적으로 정적 요소가 담기게 된다. 다시 말해 직무기술서는 일련의 문서이다. 하지만 업무가 복잡해질수록 직원들의 태도는 더욱 유연해질 필요가 있다. 그렇기 때문에 업무 내용을 담고 있는 직무기술서는 가능한 한 추상적 형태로 작성하는 편이 실제 업무와의 괴리를 줄일 수 있다는 점에서 유리하다. 한편 지위가 높아질수록 그리고 업무가 다양하고 애매해질수록 직무기술서를 작성하는 일은 더욱 힘들어 질 것이다.

- 업무의 내용과 목표를 지나치게 구체적으로 정해 놓으면 직원들의 활동 범위는 협소해지기 마련이다. 그리고 업무의 구성 요소들이 목표와 더불어 통합적으로 연결되기도 어렵다. 여기서 나는 혁신적 경영자가 추진해야 할 자발적이고 창조적 활동, 그리고 경영자가 책임져야 할 문제에 대해 제시하고자 한다. 기업에서 서비스가 차지하고 있는 비중이 점차 커지고 있기 때문에 탄력적이면서 자발적 업무 내용과 직원 스스로 결정을 내릴 수 있는 업무적 자율성의 중요성이 높아지고 있다.

- 직무기술서에는 일반적으로 직원들의 실제 업무들만이 담겨 있다. 하지만 이러한 형태의 직무기술서는 업무상 점차적으로 증가하고 있는 상호 협력 관계를 제대로 반영하지 못한다. 구조적, 조직적 요인이 직원 개인의 성과에 미치는 영향이 점차 커지고 있다는 인식이 떠오르면서 직무기술서에 관한 문제점들이 최근 주목을 받고 있다. 개별 직원의 업무에서 다른 직원과의 협력이 차지하는 비중이 높아질수록 개인이 책임져야 할 성과의 범위는 줄어들게 될 것이다.

- 개별 직원의 성과를 파악하기 위해 관리자가 가장 먼저 해야 할 일은 직원과의 면담이다. 면담을 통해 관리자는 직원의 업무 환경을 전반적으로 이해해야 하며 이를 관리 업무에 신중하게 반영해야 한다. 또한 그 직원과 다른 직원과의 업무 관계도 고려해야 한다. 면담 과정에서 관리자는 직원이 업무 시스템에 잘 적응할 수 있도록 도움을 주는 일에 초점을 맞추어야 한다. 하지만 관리자들 대부분 면담에서 이러한 측면들을 거의 고려하지 않고 있다. 게다가 면담 내용을 기록하고 보고하는 공식적 절차도 마련해 두고 있지 않다.

- 전반적으로 관리자와 직원들은 상호 논의를 통해 목표를 세우거나 변경하는 작업을 너무 성급하게 처리하는 경향이 있다. 이로 인해 부서 내에서 또는 부서 간에 업무 관계를 형성하고 공동의 목표를 향해 협력하는 작업이 제대로 이루어지지 않고 있다. 그리고 목표관리와 평가 시스템 또한 팀워크를 개선하고 효율적이고 자율적 관리 시스템 형성에 기여하지 못하고 있다.

- **관리자들은 직원 평가에서 또 다른 어려움을 겪고 있다.** 미국의 심리학자이자 경영학자인 더글라스 맥그레거(Douglas McGregor)에 따르면 평가 시스템이 성공하지 못하는 까닭은 관리자들이 직원들의 가치를 판단하는 전지전능한 신의 위치에 서기를 두려워하고 있기 때문이다.[1] 그는 관리자의 평가 업무가 생산라인의 검수 작업처럼 이루어지고 있다는 사실을 지적하고 있다. 또한 관리자들은 비인간적이라는 생각이 드는 역할을 수행하기 꺼려한다는 점도 덧붙여 언급하고 있다. 맥그레거는 이러한 문제점들을 해결하기 위해 직원 스스로 목

표를 수립한 뒤 상사와 함께 검토해야 하며 직원 평가 면담의 일부로 진행해야 한다는 조언을 하고 있다. 맥거레거는 관리자는 비인간적 제품 검수원이 아니라 직원들이 목표를 세우고 이를 성취할 수 있도록 도와주는 조력자임을 강조하고 있다.

평가 시스템이 성공을 거두지 못하는 이유가 관리자들 스스로 신의 역할을 맡거나 또는 죄책감을 느끼는 것을 꺼려하기 때문이라는 주장이 처음에는 다소 의심스러워 보였다. 하지만 조사 과정에서 실제로 관리자들이 평가 업무가 적대적, 공격적 행동이며 무의식적으로 다른 사람들에게 상처를 주고 피해를 입히는 일이라고 생각하고 있다는 사실을 확인할 수 있었다. 직원들을 평가하는 과정에서 관리자들은 극심한 죄책감과 무기력함에 시달리고 있다. 이로 인해 직원들에게 매우 중요한, 관리자의 기본적 역할을 제대로 수행하지 못하고 있다.

객관성에 대한 집착

목표관리와 평가 시스템이 복잡해질수록 기업은 객관적 측면에 더욱 주목하게 된다. 하지만 이러한 노력은 집착에 불과하다. 모든 업무 조직은 사회적 시스템, 즉 상호 인간관계 네트워크로 이루어져 있다. 목표를 기준으로 봤을 때는 탁월한 성과를 올리는 사람들이라 하더라도 파트너, 부하직원, 상사 및 동료로서는 형편없을 수도 있다. 업무 역량은 뛰어나지만 다른 직원들과의 관계 문제로 승진에서 탈락되는 경우는 결코 드문 일이 아니다.

그리고 모든 부하직원은 관리자의 상위 목표의 구성 요소이기 때문에 상사와 어떻게 잘 일하고 목표 달성을 돕느냐에 따라 평가받는다. 이렇게 목표를 수립하고 성과를 평가하는 과정에서 주관적 요소를 완전히 배제할 수는 없다. 이러한 측면에서 평가 시스템에서 객관성에 대한 집착은 애초에 실현 불가능한 목표인 셈이다.

또 다른 이유로 객관적, 수량적 평가에 대한 비중이 높아질수록, 애매모호하고 측정하기 힘든 기준들이 배제될 위험이 있다. 수치만을 기준으로 성과를 평가하는 경우, 성과의 내용이나 질적 측면에는 아무도 신경 쓰지 않을 것이다.

이제 사례로 넘어가 보자. 고객 서비스와 품질로 유명한 한 제조 기업에서 MBO 프로그램을 도입하였다. 프로그램은 원활하게 이루어졌으며 직원들의 목표와 성과에 대한 정의가 예전에 비해 분명하게 이루어졌다. 그 과정에서 MBO는 기업의 경영관리 시스템의 중요한 부분으로 점차 자리를 잡아갔으며 성과를 높이는 데 많은 기여를 하였다.

하지만 놀랍게도 최종 결과는 실패인 것으로 나타났다. 부서의 관리자들은 모두 무엇이 문제인지 조사하기 시작했다. 하지만 그들이 직원들로부터 들은 대답은 "그건 제 일이 아닌걸요."라는 변명뿐이었다. 그제야 관리자들은 문제의 심각성을 인식하기 시작했다. 게다가 고객 서비스 수준은 더 나빠졌다. MBO 프로그램을 실시하면서 '고객 서비스 개선'과 같이 추상적 과제는 측정이 불가능했기 때문에 기업은 객관적 측정이 가능한 세부적 목표에만 주력했다.

즉 소비자 불만 한 건을 처리하는 시간, 소비자들의 전화 횟수 등과 같은 여러 가지 구체적 데이터만을 기준으로 하여 직원들의 성과를 측정했다. 고객 서비스 직원은 이러한 기준을 만족시키기 위해 통화 시간 및 횟수를 가능한 줄여야만 한다. 이 과정에서 비용은 감소했고 수익성은 좋아졌다. 하지만 기업의 전체 업무의 질은 하락하고 있었다. 설상가상으로 관리자들은 그러한 스스로의 모습에 대해 혐오감을 느끼기 시작했다.

위 사례에서 관리자들 대부분은 기업의 서비스 및 제품의 인지도를 향상시키기 위해 MBO 프로그램에 동참했다. 그들은 앞으로도 다른 기업들의 부러움을 사고, 품질과 고객 서비스에 대한 소비자들의 인지도를 더 높이고 싶어 한다. 하지만 정반대의 결과가 나오자 관리자들은 자책감에 휩싸였다. 그리고 서로에 대해 또한 조직에 대해 불만을 드러내기 시작했다. 관리자들은 자신들이 품질과 서비스가 형편없는 기업에서 일하고 있다는 자괴감에 빠지고 말았다.

인사관리에서도 비슷한 문제가 발생했다. 즉 측정이 가능한 하부 목표와는 달리, 애매모호한 상위 목표들에 대한 평가 방식이 문제로 떠올랐다. 부서 관리자들에게 후계자에 대한 의견을 묻는 경우, 특히 특정 직원의 승진과 관련되어 있는 경우, 관리자들 대부분 젊고 유능한 직원을 지목했다. 그러나 관리자들은 실제로 후계자 양성에 투자할 시간적 여유가 없으며 기업 또한 그러한 노력에 아무런 보상을 지급하지 않았다. 그리고 관리자가 후계자 양성 업무를 얼마나 충실하게 진행하고 있는지에 대해서는 객관적 평가 자체가 불가능했다.

놓치고 있는 요소들

많은 기업들이 MBO 프로그램을 위해 엄청난 투자를 하였음에도 불구하고 위 사례와 같이 목표 및 평가에서 다양한 문제점들이 드러났다. 이러한 관점에서 MBO 프로그램들이 제대로 실행되지 못했다고 결론을 내릴 수 있다. 실패의 핵심 요인은 MBO가 전반적으로 인간적 요소들을 놓쳤기 때문이다.

　이러한 문제점을 이해하기 위해 일반적 MBO 프로그램의 흐름을 한번 되짚어보자. 기업의 경영진은 대부분 내년의 목표를 미리 잡는다. 그리고 투자수익률, 매출, 생산, 성장, 또는 기타 측정 가능한 요소들을 기준으로 목표를 세운다.

　목표를 수립한 뒤, 경영진은 각 부서의 관리자들을 불러 모아, 일정한 범위 내에서 내년도 목표를 잡아보라고 지시한다. 또는 기업이 내년의 목표를 달성할 수 있도록, 각 부서의 상대적 목표를 독자적으로 수립하라고 한다. 물론 경영진은 각 부서장들에게 자유롭게 목표를 잡으라고 말하지만 그렇다고 해서 전년도 성과보다 낮게 잡을 수는 없다. 또한 그들의 선택 범위는 일반적으로 기업의 방향이나 통계 자료에 제한을 받을 수밖에 없다. 게다가 특정 분야의 교육이나 인재 영입과 같은 계획도 함께 고려해야 한다.

　각 관리자들이 부서의 목표를 제시하고 경영진이 이를 승인하면 마침내 내년도 부서 목표가 확정되는 것이다. 물론 그 목표는 관리자들 스스로 세운 것이다. 그렇기 때문에 그들은 목표에 대해 책임을 져야 한다. 즉 목표를 수립하는 과정에서 관리자들은 스스로를 옭아맨 셈이다.

　이제 이 과정을 자세히 들여다보자. 목표 수립은 전체적으로 단기적이고 이기적 관점에서 이루어지며 그리고 보상-처벌(reward-punishment)의 심리학을 바탕으로 하고 있다. MBO 프로그램이 시작되면 관리자들은 미로 속에 놓인 쥐가 된다. 그에게는 두 가지 선택권이 있다. 하나는 먹이를 찾아 열심히 노력하여 미로 속을 헤매는 것이다. 나머지 하나는 먹이를 포기하고 굶는 것이다.

　기업의 목표관리가 미로 속의 쥐 실험과 다른 점은 관리자들은 제한된 범위 내에서 먹이의 크기를 선택할 수 있다는 점이다. 기업은 이러한 MBO 프로그램을 통해 관리자들이 ① 보상을 위해 열심히 일하고 ② 자신이 세운 목표에 대해 부담을 느끼고 ③ 목표를 달성함으로써 조직에서 자신이 맡은 책임을 완수하길 바란다.

관리자들은 대부분 최선을 다할 것이다. 하지만 자신이 미로 속의 쥐 신세에 불과하다는 불만과 분노, 목표와 상관없는 일은 내버려 두어야 하는 심리적 불편함, 그리고 계속 높아만 가는 목표로 인해 발생하는 스트레스에 대한 수동적 저항감을 떨쳐버릴 수는 없을 것이다.

개인적 목표

MBO 프로그램을 위해서 우선 다음 질문에 대답해 보자. 관리자들의 개인적 목표는 무엇인가? 관리자들은 업무상 무엇을 필요로 하고 희망하고 있는가? 시간이 지나면서 그들의 요구와 희망 사항은 어떻게 변하고 있는가? 조직의 목표와 그들의 업무는 그들의 요구 및 희망 사항들과 어떠한 관계가 있는가?

여기서 분명한 사실은 개인의 꿈, 희망, 야망 등을 고려하지 않은 채 관리자들에게 임무를 할당한다면 그들은 조직의 목표를 달성하기 위한 의미 있는 동기를 부여받지 못할 것이라는 점이다.

예를 들어 열심히 노력하는 소규모 대리점들과 더불어 사업을 추진해 나가는 것을 좋아하는 영업부 관리자가 있다고 해보자. 그는 자신이 좋아하는 업무를 통해 강한 의욕을 느끼고 있다. 하지만 목표 달성에 강한 압박을 받고 있는 상사는 그가 대형 업체에 집중해 주기를 강력히 요구하고 있다. 그리고 대형 업체로의 전환을 통해 어느 정도 매출이 증가할 것인지를 예측해보고 있다.

하지만 그 관리자에게 대형 업체와 거래를 한다는 것은 좋은 인맥 관계를 기반으로 물건을 판매하는 것이 아니라 총판 대리점, 기술직원, 또는 그가 잘 모르는 자세한 제품 정보와 지식을 요구하는 담당자들을 상대해야 한다는 것을 의미한다. 게다가 대형 업체들을 혼자서 담당할 경우, 업체들이 요구하는 기술적 사항들을 처리하기 위해 받을 수 있는 부서의 지원은 충분하지 못할 것이다.

이제 그 관리자는 스스로 좋아하고 만족감을 느꼈던 일을 그만두고 대형 업체들의 요구 사항들을 처리하기 위해 고통을 참아내며 노력을 해야 할 것이다. 그리고 상사의 기대에 따라 매출 실적을 높여야 할 것이다. 이러한 변화로 인해 그 관리자는 극심한 심리적 압박에 시달리게 될 것이다. 아무도 그의 상황을 이해할 수 없기 때문에 그는 결국 혼자서 모든 문제를 해결해 나가야만 한다. 지금까지의 모든 변화는 합리적 목표를 세우고 이를 실천에 옮겨야 한다고 주장하는 상사의 머릿속에서 비롯되었다.

흔히 나타나고 있듯이, 이러한 긴장 상황에서 업무상 변동까지 발생한다면 문제는 더욱 복잡해질 수밖에 없다. 예를 들어 담당 영업 지역에 변화가 생긴다거나, 배송 문제가 발생하거나, 보상 제도가 바뀌거나, 또는 이와 관련된 부가적 문제들이 발생한다면 그 관리자는 혼자만의 힘으로 대처해나갈 수 없을 것이다. 어쨌든 그 관리자는 매출 달성을 위해 끝까지 버텨야만 할 것이다.

심리적 욕구

위에서 제시한 사례가 과장되거나 혹은 부적절하다고 생각하는 독자도 있을 것이다. 하지만 실제로 내가 아는 어떤 기업의 영업부 관리자는 사표를 제출하려고 고민을 하고 있다. 조직 내에서 어느 정도 인정을 받았지만 그는 회사가 자신을 목표달성을 위한 도구로만 여기고 있다고 생각하고 있다. 그리고 이러한 조직에서 성공하는 것은 의미 없는 일이라고 결론을 내렸다. 오늘날 많은 젊은이들이 이와 같은 이유로 대기업을 떠나고 있다.

이러한 주장에 대해 이의를 제기하는 독자들도 있을 것이다. 계획과 목표를 아래로부터 세우고 있는 기업도 많이 있다고 지적하는 사람도 있을 것이다. 이러한 기업들까지 싸잡아 직원들을 미로 속으로 몰아넣고 있다고 비난하는 것은 부적절하다고 주장하는 이도 있을 것이다. 하지만 아직 변한 것은 아무것도 없다. 최근 들어 목표를 합리적 방식으로 세우려는 기업들의 시도 역시 측정 가능한 성과를 기준으로 삼고 있는 기존의 평가 시스템을 벗어나지 못하고 있다. 여기서 다시 이 질문을 떠올리게 된다. '누가 만든 목표인가?' 특히 일반 직원들이 목표를 세우는 기업의 경우, 이러한 의문점은 더욱 증폭된다. 이러한 기업에서 상사들이 하는 일이란 부하직원들이 목표를 충분히 높게 잡지 않았다고 나무라는 것이기 때문이다.

이렇게 주장하는 사람들도 있다. "도대체 뭐가 잘못되었나요? 여기는 비즈니스 세계입니다. 직원들은 당연히 기업이 요구하는 일을 해야 하는 것 아닌가요?" 물론 이 질문에 대한 정답은 "그렇습니다."일 것이다. 하지만 그렇다고 여기서 모든 게 끝나는 것은 아니다.

직원 개인에게 가장 강력한 동기를 부여하는 힘의 원천은 그가 눈을 반짝이며 말하는 자신의 목표에 담긴 희망과 소원, 그리고 포부이다. 기업의 목표관리는 바로 이러한 직원 개인의 목표로부터 출발해야 한다. 그 직원은 평생을 바쳐 어떤 일을 하고 싶어 하는가? 어느 곳을 향해 가려고 하는가? 어떤 일을 통해 만족감을 느끼고 있는가? 다시는 돌아오지 않을 청춘을 바쳐가면서 무엇을 얻고자 하는가?

이러한 질문이 단지 사적이라고 무시해 버리는 사람도 있을 것이다. 그들은 기업 내부에서는 사생활과는 다른 중요한 일이 벌어지고 있으며 모든 구성원들은 직장에서 개인적 일이 아니라 조직적 업무에 힘을 쏟아야 한다고 믿고 있다. 하지만 사실 이러한 구분은 불가능하다. 직장이든 가정이든, 사람들은 언제나 자신의 심리적 만족을 위해 노력하기 때문이다. 이러한 주장에 동의하지 않는 사람들, 즉 개인의 내적 동기를 따로 구분할 수 있다고 생각하는 사람들은 애석하지만 착각에 빠져 있는 것이다.

개인과 조직 사이의 이해관계

조직 내 업무는 직원들의 요구 사항을 이해하기 위한 출발점이다. 기업은 조직적 업무를 통해 목표를 달성하기도 하지만 이를 통해 직원들의 성과를 검토할 수도 있다. 조직적 업무 속에서 직원들에게 효율적으로 동기를 부여하고자 한다면 개인의 요구와 기업의 요구를 상호보완적 관계로 구축해야만 한다. 두 주체의 요구가 서로 맞물려 조화를 이룰 때, 시너지 효과가 발생한다. 즉 개인과 조직의 에너지는 서로의 이익 관계가 만나는 지점으로 수렴하게 될 것이다.

하지만 개인과 기업이 조화를 이루지 못하는 경우, 직원들은 업무를 추진하고 목표를 달성하는 과정에서 자기 자신은 물론 조직과 더불어 힘겨운 싸움을 벌여야 한다. 이러한 상황이 지속된다면 관리자는 그 직원과 함께 그가 무엇을 원하는지, 조직이 어느 방향으로 가고 있는지, 그리고 조직과 그 직원의 이해 차이가 얼마나 심각한지에 대해 검토해 보아야 할 것이다. 다른 해결책이 없는 경우, 그 직원을 다른 부서나 조직으로 옮겨 가게 함으로써 문제를 해결해야 할 것이다. 그리고 조직은 자신들의 문화와 더 잘 맞는 새로운 직원을 채용함으로써 성과를 개선해 나가야 할 것이다.

장기적 비용

개인과 조직 간의 이해관계 조화는 중간 연령 또는 중간 직급에 속한 직원들에게 특히 중요하다.[2] 여기에 속한 직원들은 조직 내에서 자신의 위상이 변하고 있다는 사실을 점차 느끼게 되며 여러 가지 장기적 계획을 실천해 나가야 한다는 강박감에 사로잡히게 된다. 이러한 심리적 변화를 통해 그들은 내부적으로 심각한 갈등을 겪게 된다.

중간 직급의 관리자들은 지금까지 회사를 위해 헌신적으로 힘써 왔고 승진을 위해 열심히 노력해 왔다. 조직은 이러한 관리자들에게 더 높은 역할과 권한을 제시하고 있다. 그리고 경영진은 그들의 능력을 인정하고 앞으로 더 강한 리더십을 발휘해 주기를 기대하고 있다. 또한 직장인으로서 성공을 꿈꾸고 있는 신입사원들은 그들을 모델로 삼고 있다. 이러한 상황에서 그들이 직장을 그만둘 경우, 그들을 바라보고 있는 상사와 부하직원들의 기대를 동시에 저버리는 일이 발생하게 될 것이다.

하지만 조직 내에서는 자신의 심적 갈등을 털어놓을 수 있는 기회가 거의 없기 때문에 그들은 이러한 생각들을 억누르고 있다. 하지만 내적 갈등은 계속 심화되고 급기야 갑작스럽게 사표를 던져 주위 사람들에게 놀라움과 실망감을 안겨 주게 된다. 내 주변에도 이러한 사람들이 3명이나 있다.

여기서 중요한 문제는 그들이 단지 회사를 떠나는 것이 아니라 그 과정에서 발생하는 기업의 손실이다. 그들이 이러한 결정을 내리기 전에 상사와 면담을 갖고 업무에 대해 말할 수 있는 기회를 가졌더라면 목표를 수정할 수 있는 가능성이 분명 있었을 것이다. 합의가 불가능했다고 하더라도 기업과 관리자 모두 더욱 부드럽게 대처할 수 있었을 것이다. 그 관리자에게 다시 의욕을 불어넣거나, 아니면 서로 만족스런 해결책을 찾기 위한 시간을 벌 수도 있었을 것이다. 또한 다른 직원들도 조직의 세심한 배려에 인간적 면을 느낄 수 있었을 것이다. 경영진과의 마찰로 우수한 인재들이 회사를 떠나고 있다는 이상한 소문들도 떠돌지 않을 것이다.

  관리자들의 개인적 목표를 우선적으로 고려한다고 해서 결코 기업의 목표를 뒷전으로 미루라는 뜻은 아니다. 사업 전반의 투자수익률, 사업 규모, 생산성 및 기타 성과를 높이려는 시도는 결코 잘못된 것이 아니다. 다만 잘못된 논리를 바탕으로 동기를 부여하고자 하는 기업의 노력이 오히려 직원들에게 압력만 가중시키는 상황에 문제가 있는 것이다. 직원들에 대한 압력을 통해 단기적 이익을 올릴 수는 있다. 하지만 장기적으로 발생하는 손실에 대해서는 왜 고려를 하지 않고 있는가?

  가장 큰 장기적 손실은 인재를 다른 회사에 빼앗긴다는 사실이다. 그리고 직원들은 승진을 위해 노력하지 않을 것이다. 직원들은 이렇게 물을 것이다. 왜 내가 다른 사람의 목적을 위해 이용되어야 하는가? 그리고 다른 사람의 꿈을 위해 왜 내 자신을 희생해야 하는가? 손실은 여기서 멈추지 않는다. 사업의 핵심인 성장이 멈추게 될 것이다. 이러한 현상은 앞에서 살펴본 고객 서비스 사례에 잘 나타나 있다.

  그 사례에서는 처음부터 아무런 합의가 이루어지지 않았다. 경영진은 관리자가 무엇을 말하고 있는지, 무엇을 원하는지, 어디로 가려고 하는지, 조직이 어떻게 변하기를 바라는지, 그리고 기업이 합리적이라고 주장하는 새로운 업무 시스템에 대해 그들이 어떻게 생각하는지에 대해 전혀 귀를 기울이지 않았다. 여기서 경영진이 무의식적으로 가지고 있었던 전제는 MBO를 통해 관리자들을 효율적으로 활용해야 한다는 것뿐이었다.

많은 기업들이 MBO를 통해 직원들에게 동기를 부여할 수 있다고 믿고 있다. 그리고 조직 내 젊은 직원들에게도 앞으로 MBO를 기반으로 업무를 할당받게 될 것이라고 말하고 있다. 하지만 이로 인해 사태는 더 악화되고 있다. 요즘 많은 젊은 직원들이 기업이 일방적으로 정한 목표에 대해 거부감을 드러내거나, 다른 회사로 옮길 궁리들을 하고 있다. 이러한 상황이 지속되면 기업은 곤경에 처하게 될 것이다. 그럼에도 불구하고 경영진들은 요즘 젊은 사람들은 열심히 일할 생각은 하지 않고 하룻밤 사이에 사장이 되려고 한다고 짜증 섞인 불만만을 토로하고 있다.

반면 젊은 직원들은 스스로에게 이렇게 묻고 있다. 나 자신, 그리고 나의 꿈은 어떻게 되어가고 있는가? 누가 내 말에 귀를 기울여 줄 것인가? 기업의 목표를 향해 열심히 일하면 나의 꿈은 이루어질 수 있을까?

이러한 질문들의 중요성은, 직원들이 확신과 신뢰를 통해 평가 시스템에 더욱 깊이 참여할수록, 그들은 ① 상사로부터 건설적 도움을 받을 수 있고 ② 업무상 문제점들을 완벽하게 처리할 수 있고 ③ 더욱 합리적으로 목표를 세워나가고 있다는 느낌을 더 많이 받는다는 점을 통해 확인할 수 있다.[3]

MBO와 관련된 문제점의 해결 방안

우리는 지금까지 다양한 MBO 관련 사례를 통해 여러 가지 문제점들을 확인해 보았다. 이러한 문제점들은 여러 단계들을 통해 해결이 가능하다. 다음의 세 가지 준비 단계를 통해 이를 확인해 보자.

동기부여 프로그램에 대한 검토

기업은 MBO 프로그램들과 이에 따른 평가 시스템에 대해 ① 직원들은 몰아세우고 압박하고 활용해야 할 대상에 불과하다는 개념으로부터 ② 미로 속의 쥐와는 반대로 직원과 조직 사이의 진정한 협력 관계를 조성하고 그 속에서 기업과 직원이 상호작용을 하는 개념으로까지 범위를 확대하여 검토를 실시해야 한다.

물론 심리학 전문가가 아닌 이상, 정답을 쉽게 찾아내기는 불가능하다. 그러나 해결책의 실마리는 얼마든지 발견할 수 있다. 그 중 한 가지는 보상 체계, 특히 보너스를 지급하는 형태에서 찾아낼 수 있다. 판매자 시장(공급보다 수요가 많아 판매자가 유리한 시장- 옮긴이) 분야에서 근무하는 관리자 한 사람이 의욕이 높은 영업사원들에게 인센티브를 추가적으로 지급하는 플랜에 대한 내 생각을 물어보았다. 나는 플랜을 세워야 하는 이유에 대해 그에게 되물어 보았다. 그는 "어쨌든 인센티브를 지급해야 하니까요."라고만 답했다. 나는 이미 의욕이 높은 직원들에게 인센티브를 지급할 필요는 없다고 지적했다. 나의 대답에 대해 그는 자세를 바꾸어, 영업사원들의 소속감을 유지하고 기업 차원에서 그들의 노력을 인정하기 위해 수익을 나누기 위한 것이었다고 설명했다.

나는 다시 이렇게 제안했다. "직원들 스스로 성과에 따른 보상 시스템을 만들도록 하는 것이 어떨까요?" 이 말에 그는 당황하는 눈치였다. 사실 직원들 스스로 보상 시스템을 만들 수 있다면 그의 역할은 사라지고 말 것이기 때문이었다. 자신의 기본적 역할은 직원들의 생각과는 상관없이 그들이 목표를 향해 달려가도록 몰아세우는 것이라고만 생각하고 있었던 것이다.

또 다른 사례로 플라스틱 제조 기업의 경우를 한번 살펴보자. 이 기업은 중간 관리자들에게 성과를 기준으로 보너스를 지급하는 프로그램을 실시하고 있다. 하지만 그 반응은 좋지 못했다. 경영진의 노력에도 불구하고 보너스 프로그램은 제대로 실행되지 않았다. 결국 인사, 관리, 마케팅 부서 등, 이 프로그램을 구축했던 임원진들이 협의를 통해 새로운 대안을 내놓기로 결정했다. 하지만 문제는 이 협의 과정에서 프로그램으로부터 실제로 혜택을 받는 관리자들은 모두 제외되어 있었다는 사실이다. 이로 인해 새롭게 실시한 대체 프로그램 역시 아무런 성과가 없었다. 협의에 참여한 임원들의 실망감은 컸다. 그리고 자신들의 노력이 아무런 효과가 없었다는 생각에 씁쓸해했다.

다른 한편으로 업무 회의를 통해서 문제해결의 실마리를 찾을 수 있다. 기업들은 대부분 부서들 간의 경쟁을 높이거나, 지시, 혹은 격려의 말을 전달하기 위해 회의를 연다. 하지만 이러한 차원의 회의는 직원들 스스로 문제점을 인식하게 하고 이에 대한 해결책을 제시한다고 하는 본연의 목표와는 너무나 동떨어져 있다.

그룹 단위로 시행

MBO와 평가 시스템을 성공적으로 추진하기 위해서 경영진은 반드시 사업부 차원의 목표를 세우고 관리자 개인과 사업부의 목표를 정의하고 사업부의 성과를 측정해야 한다. 그리고 각 관리자가 사업부의 목표에 기여한 부분을 평가하고(보상을 위한 평가가 아니라), 사업부의 목표에 대한 상대적 성과를 기준으로 보상을 제공하는 일반적 체계를 구축할 수 있어야 한다. 또한 반드시 단기적 목표와 장기적 목표에 동시에 집중해야 한다.

그 이유는 단순하다. 관리자들의 업무는 대부분 상호의존적 관계를 유지하고 있기 때문이다. 관리자들은 기업은 물론 다른 관리자들에 대해서도 책임을 지고 있다. 조직이 존재하는 이유는 개인일 때보다 효율적으로 목표를 성취할 수 있기 때문이다. 그럼에도 불구하고 기업들은 왜 아직까지도 고정적 직무기술서를 기준으로 한 개인의 성과에만 집착을 하고 있는가? 이러한 보상 시스템은 관리자들이 이기적으로 자신의 목표만을 달성하도록 만들 뿐이다.

그러므로 서로 다른 상사 밑에서 근무하는 관리자들도 상호보완적 관계 속에서 문제점과 처리 상황을 정기적으로 논의할 수 있는 자리를 마련해야 한다. 그리고 수평적이고 수직적 목표를 함께 수립할 수 있어야 한다. 또한 각 관리자들은 협력적 구조를 바탕으로 자신의 업무를 정의함으로써 효율적으로 업무를 관리하고 통합해 나가야 한다.

예를 들어 영업부, 홍보부, 광고부로 이루어진 사업부가 있다고 가정해 보자. 여기서 각 부서의 부서장들은 사업부 차원의 목표를 공식적으로 수립하고 협력을 통해 그 목표를 달성하고 또한 각 부서별 기여도를 측정할 수 있는 방안을 마련해야 할 것이다. 사업부 성과를 기준으로 개별 부서장들을 평가하는 작업은 인센티브를 결정하기 위한 것이 아니라 건설적 정보를 공유하기 위한 수단이 되어야 한다. 물론 구체적 보상 시스템과는 별도로, 각 부서장들에게는 사업부의 성과에 따른 기본적 인센티브를 제공해야 할 것이다.

개별 관리자들끼리, 그리고 사업부의 최고 책임자와 더불어 회의를 진행하고 그 과정에서 목표달성에 방해가 되고 있는 조직적, 환경적 장애물을 확인해야 한다. 그리고 목표달성을 위해 기업과 경영진이 지원해야 하는 사항에 대해서도 논의를 해야 한다. 개별 관리자들이 목표를 향해 실행에 착수하고자 할 때, 정작 경영진은 아무런 관심을 보여 주지 않는 문제가 종종 발생하고 있기 때문이다. 이러한 상황에 닥치면 관리자들은 이렇게 의심하게 될 것이다. '정말 우리 회사가 이 일을 원하고 있는 것일까?'

사업부의 활동과 관련하여 자주 발생하는 또 다른 문제점으로 경영진은 현장에서 나타나는 심각한 문제점을 자세하게 파악하고 있지 못하다는 사실을 들 수 있다. 이로 인해 관리자들은 냉소적 태도를 갖게 된다. 예를 들어 신입사원들의 적응을 돕는 전반적 교육 시스템이나 지원 프로그램도 없이 무작정 관리자들에게 이직률을 낮추라고 지시한다면 그들은 이를 공허한 말장난에 불과하다고 생각할 것이다.

평가자에 대한 평가

MBO와 평가 시스템을 성공적으로 추진하기 위해서는 직원들과 관리자 사이에 정기적인 회의가 마련되어야 한다. 또한 경영진은 회의 결과를 확인해야 한다. 이를 통해 경영진은 직원들의 역량을 효율적으로 이끌어낸 관리자에 대해서도 실질적 보상을 제공해야 한다. '리포팅 라인(reporting line)'이라는 말에는 책임은 관리자가 지고 있지만 관리자가 소속된 사업부의 경영진 역시 관리자의 성과에 함께 책임을 지고 있다는 의미이다.

주변의 의견들이나 또는 조사 자료에 의하면 관리자들의 업무에 대해 가장 큰 영향을 미치는 외부 요인은 바로 리포팅 라인에 해당하는 직속 상사이다. 또한 그 상사와의 관계는 관리자의 실적과 성공에 막대한 영향을 미치는 환경적 요인이기도 하다.

그러므로 관리자들은 자신의 목표와 동시에 상사와 함께 공유할 수 있는 공동의 목표도 세워야 한다. 그리고 상사는 관리자의 개별 목표 및 공동 목표를 달성하기 위해 관리자와의 관계를 살펴보아야 한다. 또한 공동 과제를 수립하고 난 뒤, 그 과제의 의미에 대해서도 함께 논의를 해야 한다.

하지만 실제로 관리자들이 상사의 전체 성과를 평가할 수 있는 기회는 거의 없다. 그러나 관리자들은 상사가 얼마나 많은 도움을 주었는지, 자신의 역량과 업무적 투명성을 개선하는 과정에서 얼마나 많은 지원을 하였는지, 어떠한 과제를 부여했는지, 그리고 어떠한 방법으로 지원을 했는지에 대해 잘 알고 있다. 그리고 기업은 관리자들의 이러한 평가 정보를 여러 가지 측면에서 활용할 수 있다.

우선 상사의 관리 역량을 가늠해 볼 수 있다. 그리고 상사에 대한 평가로 인해 관리자들이 불이익을 받지 않는다는 조건 하에 관리자들은 상사의 업무 방식에 대해 직접적 조언을 할 수 있을 것이다. 이러한 조언들은 변명이나 개선의 여지를 전혀 주지 않는 험담, 또는 분노가 담긴 사표보다 훨씬 건설적 표현이다. 최근 부하직원들로부터 무능하다고 비난을 받고 있음에도 불구하고 그 이유조차 제대로 파악하지 못하고 있는 기업의 고위 간부들이 회사에서 쫓겨나는 사례들이 종종 발생하고 있다. 이제 조직의 모든 관리자들은 자신의 이익을 위해서라도 직원들의 평가를 적극적으로 수용해야 한다.

직원의 개인적 목표 또한 고려하라

지금까지 우리는 동기부여 프로그램에 대한 검토, 사업부 활동, 상사에 대한 평가라고 하는 세 가지 준비 단계에 대해 살펴보았다. 이러한 단계를 모두 마쳤다면 다음으로 직원들의 개인적 목표를 고려하면서 MBO 프로그램을 실시해야 한다. 직원들을 이용해야 할 대상으로만 바라본다면 직원들과 더불어 시작할 수 있는 출발점을 결코 발견할 수 없을 것이다. 그리고 직원들의 관계를 경쟁적으로만 구축한다면 상사에 대한 불신과 동료들 사이의 분쟁이 사라지지 않을 것이다. 이러한 업무 환경에서 자신의 고민이나 개인적 목표를 드러낼 사람은 아무도 없을 것이다.

기업은 모든 업무에 걸쳐 개별 직원들의 목표에 관심을 기울여야 한다. 경영관리에 대한 근본적 고민은 반드시 다음 질문에 초점을 맞추어야 한다. '어떻게 하면 개인의 목표와 조직의 목표를 조화롭게 만들 수 있을까?' MBO의 목적이 동기 부여된 개인의 헌신을 이끌어 내는 것이라고 한다면 그것은 기업의 목표를 달성하고자 하는 직원들의 개인적 욕망으로부터 출발해야 한다. 그렇지 않다면 헌신은 어떠한 개인적 욕망에도 부합하지 못하는 우연적인 일이 될 것이다.

앞에서 지적한 것처럼 개별 직원들의 목표에 관심을 기울이는 과정에는 현실적으로 많은 장애물들이 나타날 수 있다. 우선 직원들의 개인적 목표 대부분은 다소 애매모호하다. 자신마저 정확하게 알고 있지 못한 개인적 목표를 기업이 과연 파악해낼 수 있을까? 그리고 이를 알아내기 위해 개인적 영역까지 침범하는 것이 윤리적일까? 업무에 대한 흥미를 잃어버렸거나 회사와 행동을 같이 하지 못하는 직원들에 대한 부정적 평가를 계속 미루어도 되는 것일까? 직원들이 스스로 판단을 내리고 자발적으로 아이디어를 제안할 수 있는 기회를 어떻게 마련해야 할까? 특히 자신의 장기적 목표로 고민하고 있는 중간 관리자들과는 어떻게 논의를 이끌고 나가야 할 것인가? 심리학 지식이 없는 기업의 관리자들이 직원들에 대한 복잡한 정보들을 효율적으로 관리할 수 있을까? 오히려 문제를 악화시키는 것은 아닐까?

직원들의 목표를 이해하는 과정에서 이 질문들은 매우 중요하다. 경영진은 앞으로 이 질문에 대해 신중하게 고민해 보아야 할 것이다. 여기서 내가 제시하고 있는 해결책들은 단지 시작에 불과하다.

자아 개념

삶이란 적응의 연속이다. 주변 환경에 적응하는 동안 사람들의 목표, 희망, 포부는 계속 변한다. 그렇기 때문에 변하지 않는 구체적 목표란 존재하지 않는다.

그래도 사람들은 모두 자신만의 인생 설계, 즉 미래의 이상향을 그리고 있다. 심리학자들은 이를 자아이상(ego ideal)이라고 표현한다. 자아이상은 가치관, 부모 및 다른 사람들이 자신에 대해 기대하고 있는 모습이나 능력, 그리고 자신이 선호하는 행동 방식으로 이루어져 있다. 자아이상은 또한 자신이 나아가고자 하는 중심적 방향이라고도 할 수 있다. 하지만 자아이상은 대부분 무의식 영역에 속해 있다. 그렇기 때문에 구체적으로 설명하기가 어렵다.

- **직원의 자아성찰** 사람들은 자신의 경험과 희망에 대해 반복적으로 말하는 과정에서 자신의 가치관에 대해 파악할 수 있다. 예를 들어 직장을 선택한 이유에 대해 이야기를 늘어놓으면서 자신의 선택에 영향을 미쳤던 공통적 요인들에 대해 깨닫게 된다. 그리고 자신을 움직이게 만든 힘에 대해서도 생각해보게 된다. 이러한 인식들이 구체화될수록 자신의 기본적 목표에 대해 또 다른 가능성을 고려해

볼 수 있는 단계로 발전할 수 있다.

예를 들어 자신의 능력을 개발하고 어려움을 딛고 문제를 해결하면서 기쁨을 느끼고 그리고 자신의 이러한 성향에 맞는 직업을 선택한 사람들은 연봉이나 간판 따위에 흔들리지 않을 것이다. 이러한 부류의 사람들은 어려움을 이겨내고 자신의 능력을 개발해 나가는 모습을 자아이상으로 삼고 있다.

한 가지 짚고 넘어가야 할 점이 있다. 그것은 어떠한 단계에서든 자신의 목표를 반드시 구체적으로 묘사할 필요는 없다는 사실이다. 자신의 업무에 대한 전반적 생각과 느낌에 대해 솔직하게 털어놓는 과정에서 자신의 목표를 확인하고 검토할 수 있다면 그 개인은 물론 조직 역시 많은 도움을 얻을 수 있다. 또한 무의식에 머물러 있던 생각들을 의식적 차원으로 전환할 수 있으며 이를 기반으로 개인과 조직의 관계 전반에 대한 논의가 가능해진다.

여기서 상사는 관리자나 직원들이 자신의 생각과 느낌에 대해 있는 그대로 표현할 수 있는 환경을 조성해야 한다. 이러한 조건이 마련되면 직원들은 아무런 상처를 받지 않고 자기 자신과 목표에 대해 말을 할 수 있을 것이다. 그리고 직원 자신은 물론 상사 또한 많은 정보를 얻을 수 있으며 애매모호하더라도 직원의 생각과 감정, 목표가 기업의 목표와 어떠한 관계를 이루고 있는지 파악할 수 있다. 직원의 희망과 포부가 다소 현실성이 떨어진다고 하더라도 상사는 이를 무시하지 않고 진지하게 받아들여야 한다. 그래야만 직원 또한 보다 현실적 측면에서 생각할 것이며 보다 합리적 결론에 도달할 수 있을 것이다.

이미 지적한 여러 가지 이유로 인해 합리적 문화를 지닌 기업에서조차 관리자들은 자신의 생각을 표현할 수 있는 기회를 쉽게 찾지 못하고 있다. 더욱이 상사들은 대부분 직원들과의 면담에 익숙하지 못하다. 이로 인해 개별 직원들의 목표로부터 출발하고자 하는 기업의 시도가 제대로 된 성과를 거두지 못하고 있다. 하지만 나는 얼마든지 이러한 문제점을 개선할 수 있다고 생각한다.

면담에서 중요한 것은 직원의 구체적 설명이 아니라 직원들의 말을 귀담아 듣고 그를 우선적으로 배려하고자 하는 상사의 태도와 직원과의 관계이다. 면담 과정을 거치면서 직원과 조직은 더욱 긴밀한 단계로 발전할 수 있다.

- **상사의 자아성찰** 직원-조직 관계를 튼튼하게 구축하기 위해서는 윗사람의 자아성찰 또한 중요하다. 예를 들어 유능하고 젊은 관리자를 양성하기 위해 노력하고 있으며 그러한 자신의 열정에 대해 자부심을 느끼고 있는 상사가 있다고 생각해 보자. 하지만 나중에 그 관리자가 다른 부서로 옮겨가고 싶어 한다는 사실을 알았다면 그 상사는 실망감과 분노를 감출 수 있을까? 그리고 자신의 추천에 따라 그 관리자의 승진이 결정 나는 상황이라면 과연 그 상사는 어떻게 처신할 것인가?

아마도 상사의 실망감과 배신감은 무척 컸을 것이다. 사실 이러한 감정은 자연스러운 것이다. 그 젊은 관리자를 비난하지는 않더라도 자신의 실망감을 표현할 수는 있을 것이다. 하지만 시간이 지나도 그러한 감정을 버리지 못하고 있다면 다른 이의 결정에 대해 자신이 왜 그렇게 마음고생을 하는지에 대해 스스로에게 물어볼 필요가 있다. 그리고 그 관리자의 승진에 대한 문제는 과거와 마찬가지로 객관적 기준을 잃지 말아야 할 것이다.

그 관리자가 앞으로 새로운 분야의 업무를 맡을 수 있을지, 그리고 임무를 잘 수행할 수 있을지에 대해서는 그 사람의 입장에서 그와 함께 고민을 해야 할 것이다. 그 관리자가 새로운 분야의 업무를 맡고 싶다는 말을 할 때는 그는 이미 결정에 대한 책임을 질 각오를 하고 있을 것이다. 그리고 자신의 생각에 대해 더욱 솔직해질 수 있을 것이며 그 동안 감추어왔던 죄책감도 털어버릴 수 있을 것이다. 이렇게 내적 갈등을 남겨두지 않아야 새로 맡은 업무에도 더 전념할 수 있을 것이다.

그 직원이 새로 맡은 분야에서 좋은 실적을 올리고 있다면 예정대로 승진에 대한 추천을 기업에 제안해야 할 것이다. 단지 그 직원에게 불이익을 주기 위해 승진을 보류한다면 그 관계는 보상-처벌의 모습으로 다시 후퇴하게 될 것이다.

이러한 문제를 업무의 일부분으로 다루는 것이 과연 옳은 것인가 하는 질문은 기업문화와 그 상사의 개인적 책임감에 달려 있다. 상호간의 믿음과 신뢰를 추구하는 기업문화가 자리 잡혀 있다면 상사 역시 변호사나 의사처럼 높은 윤리적 차원에서 이 문제를 처리할 수 있을 것이다.

하지만 이러한 신뢰 관계가 형성되지 못했다면 상사가 어떻게 하더라도 존경과 믿음을 얻을 수는 없을 것이다. 그리고 MBO 프로그램 역시 관리자에게는 통제를 위한 압력으로밖에 느껴지지 않을 것이다. 남을 밟고 오르면서 서로를 헐뜯고 동료들끼리 믿지 못하는 기업문화에서는 동기부여와 인간적 목표, 그리고 헌신에 대한 대화를 나눌 수 있는 기회는 거의 없다.

장기적 관점에 보자면 기존의 목표관리 및 평가 시스템은 그 자체적으로 결코 성공할 수 없다. 그 주된 이유는 관리자들에게 아주 협소한 선택권만을 부여함으로써 개인에 대한 압박을 강화하려는 보상-처벌 심리학에 기반을 두고 있기 때문이다. 이러한 상황은 기업의 프로그램 전반에 깔려 있는 심리학적 전제들을 다시 검토함으로써 개선할 수 있다. 즉 사업부 활동과 상사에 대한 평가를 확대 실시하고 직원들의 개인적 목표를 우선적으로 고려함으로써 가능하다. 그리고 높은 윤리적 기준을 마련하고 조직 내에서 자신의 개인적 책임을 다하는 것이 필요하다.

이런 노력들을 통해 평가 시스템이 직원들에게 적대적이고 강압적이라고 하는 인식을 완화할 수 있을 것이다. 물론 성과를 기준으로 임직원들을 평가하는 작업은 계속되어야 하지만 개인의 목표를 먼저 고려하고 조직과 업무 환경을 새롭게 검토하는 노력이 수반되어야 한다.

지금까지의 방어적 자세를 버리고 조직과 개인의 목표를 동시에 추구하고자 하는 기업의 진정한 노력을 이해함으로써 관리자는 자기 자신에 대해 더욱 자유롭게 평가를 내릴 수 있을 것이다. 그리고 목표를 수직적, 수평적으로 다양하게 수립할 수 있기 때문에 고립된 개인으로서 평가와 비난을 받고 결정을 내려야 하는 부담을 덜게 될 것이다. 게다가 조직 발전에 기여할 수 있는 아이디어를 더욱 활발하게 제안하고 경영진에게 영향을 미칠 수 있는 다양한 통로를 발견하게 될 것이다.

그리고 이러한 맥락에서 부서 관리자들은 성과의 질적 측면에도 관심을 갖게 될 것이다. 또한 통계 자료에만 집착하는 기존의 방식에서 벗어나 동료 및 상사들과 함께 성과의 실질적 내용에 대해서 함께 논의할 수 있을 것이다. 지속적 내부 교류를 기반으로 고정적 직무기술서의 한계를 극복할 수 있을 것이며 다양한 통로를 통해 성과 및 협력 업무에 대한 피드백을 얻을 수 있을 것이다.

　이러한 기업문화를 바탕으로 조직 구조는 개인적 목표와 기업의 목표를 동시에 추구하는 역동적 네트워크로 성장할 수 있을 것이다. 그리고 이러한 발전으로 다양한 문제점들을 낮은 직급의 단계에서 즉시 해결할 수 있을 것이다. 또한 경영진은 적대감의 원천이라는 오명을 벗게 될 것이다.

6

최고의 인센티브
프로그램의 허점

스티브 커
Steve Kerr

요약 | 최고의 인센티브 프로그램의 허점

히람 필립스(Hiram Phillips)의 기분은 최고였다. 그는 레인배럴 프러덕트(Rainbarrel Products)에서 CFO이자 COO(최고운영책임자)로, 그리고 다각화된 소비 내구재 생산 책임자로 근무하는 동안, 혼자 힘으로 엄청난 성과를 올렸다는 사실에 만족해하고 있다. 겨우 1년 만에 이루어낸 업적에 스스로도 놀라고 있다.

드디어 그 동안 공들여왔던 새로운 성과관리 시스템의 놀라운 결과를 공식적으로 발표하는 날이 다가왔다. 레인배럴의 CEO 키스 랜들(Keith Randall)은 임원 회의를 소집했다. 그는 새로운 CFO인 히람에게 찬사를 아끼지 않았다. "이번 회의에서 히람은 비용절감 및 업무 효율성 증가에 관한 희망 찬 소식을 들려줄 것입니다. 올해 우리가 일구어낸 성과는 모두 히람이 계획하고 추진한 변화의 노력 덕분입니다." 히람에게는 장밋빛 미래가 펼쳐지고 있었다. 하지만 임원 회의에 참석한 사람들은 의문점들을 하나씩 던지기 시작했다.

어떤 임원은 연구개발 부서가 획기적 제품을 개발했지만 히람의 경직된 예산 집행 방식으로 시장 출시에 어려움을 겪고 있다는 점을 지적했다. 직원들에 대한 조사 결과, 의욕 수준이 전반적으로 크게 떨어져 있다는 주장도 나왔다. 레인배럴의 서비스에 대한 업체들의 불만이 증가하고 있다는 문제 제기도 있었다. 기업이 직원들에게 전달하려고 했던 메시지는 어떻게 받아들여졌을까? 레인배럴은 새로운 성과 시스템과 인센티브 제도로써 조직 전반에 큰 영향을 주었다. 하지만 불행하게도 결과는 긍정적이 아니라 부정적으로 나타나고 말았다.

레인배럴은 성과관리 시스템을 다시 바꿔야만 할 것인가? 하버드 경영대학원 부교수이자 기고가이기도 한 스티븐 카우프만, 기업의 연봉 컨설턴트인 스티븐 그로스, 미해군 퇴역 중장이자 경영 컨설턴트인 디에고 에르난데스, 그리고 쉐브론 텍사코(Chevron Texaco)의 최고학습책임자를 지냈으며 현재 컨설턴트로 활동하고 있는 배리 레스킨은 이 질문에 대한 조언을 제시하고 있다.

최고의 인센티브 프로그램의 허점

성과관리 시스템을 바꾸어라

히람 필립스는 거울을 들여다보며 나비넥타이를 고쳐 매고 있다. 그리고 얼굴을 찡그리면서 왼쪽 얼굴을 들여다본다. 거울 속의 시계가 시간이 얼마 남지 않았음을 알려주고 있다. 그는 휘파람을 불면서 아래층에 있는 커피 머신으로 달려간다.

"오늘은 기분이 좋은가 봐요." 신문을 읽던 아내가 웃으면서 말을 건넨다. "그 노래 제목이 뭐죠? '좋은 면을 강조해라(Accentuate the Positive)'라는 곡 맞죠?"

"맞았어!" 히람이 대답했다. "당신은 무심결에 노래를 흥얼거린다니까." 그 둘은 언제나 그렇듯 농담을 주고받았다. 첼로를 전공한 아내는 지역 교향악단에서 활동하고 있다. 프랭크 시나트라와 빙 크로스비 팬인 히람은 팝송을 좋아한다. "당신, 노래를 알아맞히는 실력이 점점 늘고 있는걸."

"당신 휘파람 실력이 느는 걸 수도 있죠." 아내는 안경 너머로 히람을 쳐다본다. 그리고는 같이 박자를 맞추면서 합창을 시작한다. 히람은 아내에게 윙크를 보내고 트렌치코트를 걸치면서 머그잔을 들고 현관문을 나선다.

행복한 돼지

레인배럴의 CFO이자 COO, 그리고 다각화된 소비 내구재 생산을 책임지고 있는 히람 필립스는 요즘 어느 때보다 기분이 좋다. 그는 오늘 아침 미팅을 위해 회사로 달려가고 있다. 아마도 좋은 소식이 기다리고 있을 것이다. 펠딩 앤드 컴퍼니(Felding & Company)의 샐리 해밀튼과 프랭크 오르몬디는 이미 먼저 도착해 있을 것이다. 두 사람이 오늘 들고올 자료는 아주 중요한 것들이다. 거기에는 자신이 1년 동안 노력한 성과관리 시스템의 놀라운 결과물이 담겨 있기 때문이다. 히람은 사실 그 전에 자료들을 살펴보았다. 그러나 자신이 원하는 보다 멋진 형태로 자료를 치장하기 위해 펠딩 앤드 컴퍼니의 컨설팅 서비스까지 받게 된 것이다. 물론 중간 보고서의 형태로 자료를 정기적으로 받아 보았다. 하지만 오늘 보고서는 특히 중요하다. 이 보고서는 자신의 1년간의 성과를 종합적으로 정리한 가장 인상적인 자료가 될 것이기 때문이다. 북적대는 45번가로 들어서면서 히람은 내일로 예정된 임원진 회의를 위해 오늘 아침 이들과 함께 검토해야 할 자랑스러운 프레젠테이션 자료를 떠올려 보았다.

히람은 자신에 대한 소개로 발표를 시작할 것이다. 그 이야기는 1년전 자신이 레인배럴에 입사할 무렵으로 거슬러 올라간다. 당시 레인배럴의 실적은 최악이었다. 물론 레인배럴 혼자만의 문제는 아니었다. 10여 년간 지속되던 호황이 끝나가면서 소비자 지출은 급격히 감소했고 전 업종에 걸쳐 불황이 시작되었다. 하지만 대형 경쟁사들에 비해 레인배럴의 대처 속도는 매우 더뎠다.

레인배럴의 CEO 키스 랜들은 조직 혁신에 주력하면서 직원들에게 영감을 불어넣는 경영자로 이름을 날리고 있었다. 레인배럴 밖에서는 창조적 마케터로서도 유명세를 떨치고 있었다. 10년간의 호황이 끝나고 경기가 하락하자, 랜들은 레인배럴의 조직 구조를 유연하게 개편하는 시도를 단행했다.

우선 레인배럴의 예산 문제에 대해 살펴보자. 히람은 레인배럴의 임원들과 처음으로 면담을 하던 때를 떠올리면서 미소를 지었다. 임원진과의 면담을 통해 그는 기업 내부에 통합적 예산 시스템이 없다는 사실을 금방 알아챘다. 한 부서장은 직설적으로 말을 꺼냈다. "예산안 때문에 어려움을 겪는 사람은 없습니다. 예산안이 결정 나고 삼사 개월 정도가 지나면 어차피 아무도 예산안을 거들떠보지 않기 때문이죠." 놀란 기색을 간신히 숨기면서 히람은 어떻게 그런 일이 가능한지 물어보았다. "그렇다면 도대체 어떤 일에 신경을 쓰는 거죠?" 그 부서장은 레인배럴은 "좋은 아이디어에만 예산을 투자한다."라고 하는 한 가지 단순한 법칙만을 따른다고 대답했다.

히람은 다시 물었다. "회계년도 중간에 예산이 바닥나는 경우는 없나요?" 그 부서장은 손바닥으로 뺨을 문지르면서 골똘히 생각을 했다. "사실 예산을 다 쓸 만큼 좋은 아이디어가 그리 많지는 않아요." 실로 믿기 어려운 상황이었다!

'행복한 돼지'라는 표현은 히람이 자신에게 지금의 자리를 소개해 준 헤드헌터와 대화를 나누던 도중에 떠오른 레인배럴에 대한 이미지였다.

물론 임원들과 대화를 나누면서 그 말은 절대 하지 않았다. 자칫 그들의 심기를 건드릴 수 있기 때문이다. 반대로 히람은 레인배럴에서의 새로운 기회를 흔쾌히 받아들이기로 했다. 그는 레인배럴이 잠재력은 높으나 기강이 흐트러져 있어 발전을 하지 못하는 기업이라고 생각했다. 뛰어난 신체적 조건에도 불구하고 제대로 훈련받지 못한 경주용 말과 같았다. 또는 전문가가 손을 봐야 할 페라리 자동차와도 같았다. 레인배럴에 당장 필요한 것은 우수한 인재를 데려오는 것이었다. 그렇기 때문에 레인배럴로의 입사는 히람에게 거부할 수 없을 만큼 매력적 제안이었다. 그리고 자신의 경력에 아주 중요한 발판이 될 것이라는 확신이 들었다. 결국 히람은 레인배럴에 입사를 했고 그리고 1년 후 이 기업은 전환점을 맞이하고 있다.

최선을 다한 1년

회사 주차장으로 들어서면서 히람은 방문객 주차장에서 샐리와 프랭크가 자동차 트렁크에서 묵직한 서류 가방을 꺼내는 모습을 보았다. 히람은 로비 입구까지 그들을 쫓아가서 샐리가 들고 있는 무거운 가방을 들어 주었다.

회의실로 들어가자마자, 세 사람은 스프링으로 제본한 컨설팅 보고서를 보기 시작했다. "좋군요." 히람이 말했다. "그냥 이대로 발표해도 될 것 같아요. 하지만 여러분들이 여기 있을 때, 하이라이트 부분을 뽑아두면 좋을 것 같아요. 발표 시간이 40분밖에 되질 않는데다 그 중 10분은 질문 시간이어서 이 자료를 모두 발표하기는 힘들 것 같거든요."

샐리가 대답했다. "실적이 좋은 순서대로 발표를 하면 좋을 듯합니다. 올해 실적들은 대부분 훌륭하네요. 목표를 대부분 달성했어요. 하지만 그 중에서 목표를 초과한 것들을 뽑아보면……."

히람은 샐리가 손가락으로 가리키고 있는 부분을 들여다보았다. 인건비를 크게 절약한 부분이었다. 이것은 히람이 초기에 추진한 시도들 중 하나였다. 그는 인건비 문제를 아주 부드럽게 처리했다. 맨 처음, 히람은 전체 부서를 대상으로 하위 25% 성과에 해당하는 직원들에게 아주 훌륭한 조건을 내건 명예퇴직 프로그램을 제안했다. 하지만 지원자는 의외로 적었다. 그래서 보다 확실한 방법으로 전환했다. 기업의 모든 부서에 걸쳐 균등하게 10% 감원을 밀어붙였다. 여기에 해당된 직원들은 일반적 수준의 보상만 받고 회사를 떠나야만 했다.

"그 성과는 아주 놀라웠죠." 히람은 고개를 끄덕여 보였다. "물론 업계의 일반적 관행은 아니었지만." 히람은 일부 직원들이 자신을 "잘라버려(Fire'em)"라고 부른다는 사실도 알고 있었다. 그는 자료에 나와 있는 여러 가지 데이터들을 가리키면서 이렇게 말했다. "우리 회사는 이제 저비용-고효율의 만족스런 단계로 진입한 셈이죠."

"게다가 고객 서비스도 좋아졌습니다." 프랭크가 끼어들었다. 이제 세 사람의 대화는 거래처 및 고객의 요구 사항을 처리하고 있는 콜센터의 성과로 집중되었다. 자료에도 콜센터 부서의 생산성 향상에 관한 놀라운 성과가 잘 정리되어 있었다. 콜센터 직원들이 하루에 처리하는 통화 건수는 50%가량 증가했다. 1년전만해도 고객 전화 한 통을 처리하는 데 필요한 시간은 평균 6분이었다. 하지만 지금은 4분 이하로 떨어졌다. "그런데 새로운 자동 스위칭 시스템을 도입하기로 결정하셨나요?" 프랭크가 물었다.

"아뇨!" 히람이 대답했다. "우리의 성과가 남들과 다른 점은 비용을 크게 들이지 않고도 이루어냈다는 사실입니다. 제가 새롭게 시도한 프로그램들을 잘 알고 계시죠? 우리 기업은 목표를 새롭게 하고 모든 직원들이 상호 감시하는 프로그램을 실시할 것이라고 발표를 했습니다. 게다가 성과가 좋지 않은 직원들을 뽑아 카페테리아 앞에 있는 '불명예 게시판(wall of shame)'에 이름을 게재했죠. 상호감시 효과를 적극 활용한 거죠."

샐리는 벌써 다음 장으로 넘어가고 있었다. 그녀는 시간 내 배송(on-time shipment) 성과를 지목했다. "이것 역시 당신이 오고 나서 나타난 성과인 만큼 발표를 꼭 하셔야 해요."

그것은 사실이었다. 레인배럴이 기업의 가치 및 이념의 차원에서 고객 서비스에 집중하는 동안 측정 가능한 객관적 기준은 점차 사라졌었다. 그런 상황에서 계량적인 면을 강조하는 것은 생각만큼 쉽지 않았다. 직원들 사이에서는 '시간 내(on-time)'와 '배송(shipment)'이라는 말의 정확한 개념을 놓고 의견이 분분했다. 이에 대해 히람은 가장 객관적이라고 생각되는 기준을 확고하게 밀어붙였다. 즉 '시간 내'란 배송 시각을 지키는 것을 말하고 '배송'이란 기업의 자산에서 제외된 상태를 의미한다고 정의하였다. 히람은 계속했다. "그리고 또 한 가지, 우리는 단돈 일 달러도 함부로 지출하지 않았습니다. 저는 직원들에게 배송 약속을 어기는 경우, 이를 지속적으로 기록해 나갈 것이라는 사실을 알려주었습니다."

"그게 효과가 있었던 것 같군요." 샐리가 거들었다. "그 후로 육개월 동안 배송 성공률은 꾸준히 증가했어요. 지금은 거의 92%에 육박하고 있습니다."

보고서를 계속 읽어 내려가다가 히람은 또 한 가지를 발견했다. 자료에 생소한 약자가 보였다. "이게 무슨 말이죠? 뭔가 대단한 것 같은데.

50% 비용감소?"

샐리는 이를 자세히 들여다보더니 이렇게 말했다. "아, 그거군요. 사실 그렇게 큰 성과라고 보기는 어렵죠. 영업사원들의 매출 기준을 조정한 적이 있었잖아요?" 그러자 히람은 기억이 났다. 예전에 레인배럴은 직원이나 퇴직한 사람들이 자사의 제품을 구매할 때 할인을 해주는 혜택을 제공하고 있었다. 하지만 이때 해당 영업사원의 실적은 할인된 실제 판매 가격이 아니라 정상 소비자 가격으로 부풀려 기록되었다. 이런 식으로 영업사원들의 실적은 과대평가되고 있었으며 이로 인해 영업사원들에 대한 보상이 초과 지급되고 있었다. 이 사실을 발견하자마자 히람은 그 기준을 실제 판매 가격으로 수정했다. 하지만 비용감소에 크게 기여하지는 못했다. 그래도 그는 내일 프레젠테이션에서 이 성과도 발표를 해야겠다고 생각했다. 실적 기준과 보상 시스템의 개선은 곧 좋은 성과로 이어지기 때문이다.

"그리 대단한 성과는 분명 아닌 것 같아요. 하지만 저는 이를 가지고 성과 체계와 인센티브 시스템을 개선했다는 사실을 강조할 수 있을 것 같군요. 아마 임원들의 반응도 좋을 겁니다."

그의 말에 샐리가 고개를 끄덕였다. "맞아요. '단순하게 하라' 라고 하는 옛날 격언과도 잘 맞아 떨어지네요. 그렇죠?" 그녀는 프랭크를 보고 말했다. "레인배럴이 예전에 사용했던 실적 평가 방식은 너무나 복잡했어요. 제가 일일이 기억하지 못할 정도였어요. 최소한 다섯 가지가 넘었던 것 같아요."

"매출 실적도 발표해야죠?" 프랭크가 웃으면서 말했다.

"글쎄요. 아직 잘 모르겠군요." 히람이 대답했다. "엄격하게 보자면 매출은 독립 변수라고 할 수 없죠. 매출 실적은 교육, 신규 거래처 개척, 거래처 정보에 대한 관리에 이르기까지 다양한 요소들과 관련되어 있어요. 그리고 주관적 요소들이 많기 때문에 영업사원들은 대개 혼란스러워 하고 있죠. 나는 영업사원들이 자신이 받을 수 있는 보상에 대해 더 이상 궁금해 하지 않도록 투명한 기준을 마련했어요. 매출 경쟁 프로그램도 단순한 형태로 실시했죠. 분기 동안 가장 많은 매출을 올린 사원이 상을 받는 거죠."

샐리와 프랭크는 힘차게 고개를 끄덕였다. 히람은 다시 보고서를 들여다 보았다. 자료 속의 숫자들은 모두 레인배럴의 성장을 보여주고 있었다. 이 많은 실적 중에서 무엇을 발표해야 할지 선택하기가 어려웠다. 하지만 얼마나 행복한 고민인가! 이 자료를 위해 컨설턴트들이 여기까지 와서 자신을 돕고 있다. 히람의 미소는 더 크게 빛났다.

문제의 조짐

다음 날 아침, 충분한 휴식을 취한 히람은 경비원에게 번쩍이는 ID 배지를 보여주며 회사 건물 안으로 성큼성큼 들어섰다. 그리고 북적이는 로비에서 엘리베이터를 기다렸다. 히람은 거기서 젊은 여직원 둘을 보았다. 그들은 모두 한 손에는 커피를 들고 목에는 헤드폰을 걸고 있었다. 한 여직원이 동료에게 드라마에서나 나올 듯한 슬픈 표정으로 한숨을 쉬며 이렇게 말했다. "사무실 들어가기가 겁나. 어제 퇴근할 때가 다 되어서 설리번에 있는 바이어에게서 이메일이 하나 날아왔거든. 그 순간 난 직감적으로 골치 아픈 문제가 생겼다는 사실을 알아챘지. 하지만 용기가 나지 않아서 열어보지도 않고 사무실을 빠져 나왔어. 아마 오늘 다섯 시까지는 답변을 주어야 할 텐데, 쉽지 않을 것 같아. 답변을 미룰 수도 없고. 그랬다가는 보너스가 날아가겠지?'

맞은편의 동료는 어깨에 메고 있던 가방을 바닥에 털썩 내려놓더니, 듣는 둥 마는 둥 가방을 뒤졌다. 그러다가 무표정한 얼굴로 이렇게 대답했다. "위에서 감시하는 건 네가 메일을 열어 본 뒤 24시간 안에 답장을 보냈느냐하는 거잖아. 그러니까 시간이 날 때까지 메일을 열어보지 마. 그럼 되잖아?"

그때 엘리베이터 문이 열렸고 여직원들은 사라져 버렸다.

문제의 폭발

히람이 출근하고 한 시간 쯤 지나자, 키스 랜들은 분기 임원 회의를 소집했다. 맨 처음으로 인사부 책임자인 루 하트 부사장이 직원들을 대상으로 실시한 연간 조사 결과에 대해 발표할 것이다. 다음으로 향후 기업의 모든 회의에서 CEO가 다루기를 희망하고 있는 여러 사안들에 대해 최고마케팅책임자가 설명을 할 것이다. 그리고 나서 'QMI(quick marketing intelligence, 신속한 마케팅 정보)'로 이어진다. 여기서는 사전 조율 없이 미리 선정한 레인배럴의 주요 거래처와 함께 화상회의 방식으로 토론을 진행한다. 랜들은 회의를 시작하면서 이렇게 말했다. "마지막 순서로 비용 감소 및 업무 효율성에서 이룩한 놀라운 성과에 대해 히람이 발표를 할 것입니다. 모든 성과들은 그가 지난 일 년 동안 기획하고 노력한 결과입니다."

히람을 고개를 끄덕여 답례를 했다. 그는 가장 강력한 인상을 주기 위해 어떤 부분을 강조할지에 대해 고민하느라 처음 10분간은 회의에 집중하지 못했다. 루 하트는 '목적, 방법론, 역사적 추세'에 이어 '직원 조사'의 결과를 설명하고 있었다. 좀 따분했다.

루 하트가 "아무생각 없이 특허권만 사들이고 있는 상황"이라는 말을 할 때, 히람의 정신은 다시 회의장으로 돌아왔다. 그는 이제 조사 '결과'에 대해 말하려고 하는 듯 보였다. 루는 연구개발 부서에서 나온 의외의 부정적 반응과 조사 과정에서 직원들이 표출한 불만 사항들을 함께 묶어 설명하고 있었다. 그는 계속했다. "이러한 문제점은 우리 기업이 누가 가장 많은 특허권을 가지고 있는지, 누가 가장 많은 판권을 보유하고 있는지, 그리고 누가 가장 많은 제안을 승인 받았는지에만 신경을 쓰고 있기 때문입니다. 하지만 이로 인해 우리가 더욱 창조적 기업이 되었습니까? 그건 그렇게 간단히 해결될 과제가 아닙니다."

그의 주장에 최고 고문은 이렇게 맞장구를 쳤다. "저 역시 요새 우리 기업이 상업적으로 효과 없는 제품을 개발하기 위해 특허권에 지나치게 많은 돈을 쓰고 있다고 생각해요."

루는 그의 말을 계속 이어나갔다. "그 중에서 직원들이 가장 혼란스러워하는 것은 '혁신 X 프로젝트'인 것 같습니다. 이 프로젝트를 추진하고 있는 사람들은 세대를 뛰어넘는 제품 라인을 구축할 수 있는 획기적 방안이라고 장담하고 있지만 실제로 아무런 성과가 나타나지 않고 있습니다."

회의실의 시선들이 모두 제품개발 책임자에게로 쏠렸다. 그는 손을 들고 말했다. "제가 여기서 어떤 말을 해야 좋을까요? 사실 우리 부서 역시 올해에 성과가 나올 것이라고 기대하지 않고 있습니다. 예산 문제로 인해 신제품 출시는 꿈도 꾸지 못하고 있으니까요."

회의장이 술렁거렸다. 루 하트는 말해야 할 것이 많이 남아 있으니 조용히 해 달라는 요청을 했다. 하지만 아무런 효과가 없었다. 또 다른 임원은 현 직원이나 퇴사한 사람들이 우리 기업의 제품을 사거나 제품 정보를 요청하는 경우, 영업사원들로부터 푸대접을 받고 있다는 문제를 제기했다. 그리고 또 다른 사람은 해고로 인한 심리적 여파가 아직까지 조직 내부에 남아 있다는 주장을 했다.

그 이유는 해고에서 살아남은 직원들이 일을 더 많이 해야 하기 때문만은 아니었다. 비용이 아니라 직원들의 머릿수를 기준으로 무리하게 감축을 했기 때문에 부서장들은 대부분 직급이 낮은 직원들만을 해고했다는 목소리도 터져 나왔다. 또한 이로 인해 비용은 별로 줄이지 못하면서 업무에 막대한 차질만 발생했다는 비판도 나왔다. 그리고 해고가 전체 부서에 걸쳐 일괄적으로 추진되었기 때문에 성과가 우수한 부서에서 근무했던 유능한 직원들도 회사를 나가야만 했다는 주장도 있었다. 게다가 해고가 불공정한 방식으로 이루어졌다는 불만을 토로하는 사람도 있었다. 그는 한 직원의 말을 인용했다. "제가 분명히 말할 수 있는 것은 우리 기업이 유능한 직원이 아니라 무능한 직원들에게 보상을 더 많이 지급하고 있다는 사실입니다."

한 임원은 영업사원들의 불만이 고조되고 있다는 사실을 지적했다. "롤 모델이 없다.", "고참들의 노하우를 활용할 수 있는 기회가 없다.", "거래처에 대한 정보공유가 이루어지지 않고 있다." 그리고 무엇보다도 자신이 맡고 있는 지역에 대해 불만이 많으며 기업 내에서 비중이 있고 규모가 큰 지역을 달라고 아우성을 치고 있다고 설명했다. 그러고는 영업사원의 말을 인용했다. "올해 세일즈 콘테스트에서 상을 받은 사람들은 대부분 스카데일, 셰이커 하이츠, 비버리 힐즈와 같은 주요 지역을 맡은 영업사원들입니다. 이러한 보상은 우리 회사의 실적에 아무런 도움이 되질 않아요." 루는 이러한 문제점이 일시적 현상인지 확인하기 위해 직원들의 의욕 수준을 다시 한 번 면밀히 검토하겠노라는 약속으로 발표를 마무리지었다.

드러나는 진실

다음으로 QMI 순서가 돌아왔다. 전화로 회의에 참여할 업체는 브랜튼 브라더스라는 거래처로서 오랜 시간 동안 토론이 이어질 예정이었다. 히람은 QMI에서 분위기가 좋아진다면 회의에 참석한 임원진들의 생각도 달라질 것이라고 기대했다. 하지만 그 순간 회의장 테이블 중앙에 놓인 스피커폰으로부터 빌리 브랜튼의 남부 억양의 거친 목소리가 터져 나왔다.

"도대체 레인배럴 창고는 뭘 하고 있는 겁니까?" 빌리의 목소리였다. "제품 하나 받는데 너무나 오랜 시간이 걸린다고 직원들 불만이 이만저만이 아니란 말이오."

그 순간 히람은 벌떡 일어섰다. 그리고는 스피커폰 쪽으로 몸을 숙였다. "사장님, 안녕하세요. 히람 필립스입니다. 이제서야 사장님과 통화를 하게 되었군요. 죄송합니다만 저희가 배송 날짜를 어겼다고 하셨나요?"

스피커로 기침인지 웃음인지 모를 소리가 흘러 나왔다. "글쎄요, 그렇다면 제가 차근차근 정리를 해 보리다. 일단 배송 날짜를 정하는 쪽은 우리가 아니라 레인배럴입니다. 즉 배송 날짜 자체도 우리가 원하는 날짜는 아니라는 거죠. 안 그런가, 애니?"

"그렇습니다. 사장님" 브랜튼 브라더스의 구매 담당 직원의 목소리였다. "그런데도 배송 날짜는 종종 연기되었소. 심지어 기존 주문을 취소하고 새로 주문을 넣으라고 하는 경우도 있었소. 그런 식으로 정해진 것이 바로 당신들이 말하고 있는 배송 날짜인 겁니까. 다시 말해 우리는 받고 싶은 날짜에 물건을 못 받고 있단 말입니다."

빌리는 계속했다. "그리고 다음으로 나는 당신들이 말하는 '배송'이라는 뜻을 도무지 납득할 수가 없소. 지난 화요일에 우리는 배송이 완료되었다는 연락을 받았소. 하지만 확인해 보니 공장에서 물건이 출고되는 레일 위에 있더군요."

건너편에서 또 다른 사람의 목소리가 들렸다. "그 물건들은 아주 중요한 것이라서 상황을 파악하기 위해 이메일을 보냈지만 아무런 답변도 받지 못했습니다." 문득 그날 아침 로비에서 들었던 여직원들의 대화가 떠올라 히람은 뜨끔했다. 그는 계속했다. "요즘 이메일 말고는 레인배럴 서비스 직원들과 연락할 방법이 없어요. 전화를 걸면 모두들 서둘러 끊으려고만 하더군요. 문제 하나 처리하려면 두세 번은 전화를 해야 하겠더라고요."

그들의 불만은 여기서 끝나지 않았다. 몇 가지 사항들에 대한 논의가 계속되었다. 급기야 키스 랜들이 직접 나서서 브랜튼 브라더스에 대한 관심을 강조하고 관계를 유지해 나가야 하는 서로의 필요성에 대해 언급하면서 긍정적 분위기로 대화를 유도해 나갔다. 그리고 문제점을 개선해 나가겠다는 약속을 하고 솔직한 대화에 대한 깊은 감사를 표하는 것으로 마무리했다. 마침내 통화는 끝났고 히람은 사람들의 따가운 시선을 느꼈다. 랜들은 마지막 순서에 앞서 잠시 휴식시간을 갖자고 말했다.

긴장된 순간

히람은 랜들의 뒤를 따라 회의실을 나가서 새로운 기준과 인센티브 제도에 대한 성과 발표를 유보해야 할지 물어볼까 생각했다. 지금 그 주제를 발표하기에는 회의장의 분위기가 너무 나빠졌기 때문이다. 하지만 여기서 논의를 미루는 것은 비겁하고 바람직하지 못하다는 생각이 들었다. 게다가 자신의 선택이 옳았다는 사실을 입증할 많은 증거 자료도 얼마든지 있지 않은가? 지금까지 회의에 나왔던 문제점들은 작은 부작용에 불과하며 자신의 능력으로 얼마든지 해결할 수 있을 것 같았다.

히람은 테이블 구석에 놓인 컵에 얼음물을 가득 따랐다. 그리고는 벽에 기대어 생각을 정리해 보았다. 임원들이 거론했던 직원들과 거래처의 불만 사항을 감안할 때, 오프닝 멘트를 고쳐야겠다는 생각이 들었다. 고민을 하고 있을 때, 랜들이 옆으로 다가왔.

"이번에 우린 아주 힘든 역할을 맡은 것 같구만. 그런 것 같지, 히람?" 그는 나직하게 속삭였다. "여기서 새로운 프로그램에 대해 말하는 것은 좀 무리가 아닐까?" 그렇지 않다고 말하려고 했으나, 수심으로 가득 찬 랜들의 표정이 마음에 걸렸다.

결국 히람은 펠딩 앤드 컴퍼니가 만든 보고서 더미를 들고 회의실에 들어섰다. 그리고 그것을 회의실 탁자 위에 꺼내 올렸다.

"자, 지금 여기서 꼭 다루어야 할 사안이 있다는 생각이 듭니다."

레인배럴은 성과관리에 대한 접근 방식을 다시 바꾸어야 할 것인가?

성과관리에 대한 전문가의 조언

히람은 잘하고 있다

스티븐 카우프만(Stephen P. Kaufman)은 애로우 일렉트릭(Arrow Electronics)에서 14년 동안 CEO를 역임하였으며 최근 대표이사직을 사임했다. 현재 보스턴에 있는 하버드 경영대학원에서 부교수로 강의를 하고 있다.

레인배럴이 한 달 안에 파산할 위기에 처해 있거나 아니면 부실기업 회생 절차를 밟고 있는 상황이었다면 히람의 시도는 잘못된 것이라고 할 수 없을 것이다. 오히려 합리적 결정이라고 생각할 수도 있다. 그러나 내가 보기에 당시 레인배럴은 비용 구조의 일부만을 수정하더라도 경기 하락으로 매출이 감소하고 경쟁이 치열해지는 상황에 충분히 대처할 수 있었을 것이다. 레인배럴은 여전히 튼튼하고 성공적인 흐름을 유지하고 있었던 것으로 보인다.

이 사례에서 히람이 일으킨 문제는 아마 절반 정도밖에 등장하지 않은 것 같다. 배송 날짜에 대한 압박으로 창고 업무에 더 많은 착오가 발생했을 것이며 이로 인해 반품 및 거래처의 항의가 증가했을 것이다. 또한 비용 감축을 위해 전 부서에 걸쳐 직원들을 해고했음에도 불구하고 계약직, 컨설턴트, 아웃소싱 업체들에게 여전히 많은 돈을 쓰고 있다. 게다가 '불명예 게시판'은 애초에 쓸모없는 아이디어였다. 직원들에게 모욕감을 심어줌으로써 헌신적으로 일했던 직원들의 의욕마저도 떨어뜨렸을 것이다.

레인배럴은 이러한 경험에서 성과관리의 제1법칙, 즉 뿌린 대로 거둔다는 것을 깨닫길 바란다. 배송 날짜 준수만 가지고 직원들에게 보상을 준다면 창고 직원들은 제품을 확인하기도 전에 출고해 버릴 것이다. 마찬가지로 매출 실적에 따라 영업사원들에게 보상을 준다면 당연히 실적이 증가하겠지만 출고 가격이 떨어지거나 판매에 따른 추가적 서비스 비용이 발생하는 문제점이 나타날 것이다.

내가 애로우 일렉트릭에서 근무할 적에도 비슷한 상황이 벌어졌다. 당시 거래처 주문을 기준으로 영업사원들에게 인센티브를 주는 제도를 실시하고 있었다. 그 결과, 주문량은 증가하였지만 주문만 받고 실제로 제품이 출고되지 않는 상황이 발생했다. 배송된 제품이 그대로 반품이 되어 돌아오는 상황도 벌어졌다. 고참 영업사원들은 여기에 대해 이렇게 대답했다. "회사가 규칙을 만들면 우리들은 거기에 맞춰 움직일 뿐입니다." 나는 이후에도 이와 같은 말을 여러 번 들었다.

새로운 프로그램을 도입하기 전에 경영진은 그 프로그램에 이어 벌어지게 될 게임에 대해 숙지하고 있어야 한다. 히람은 서비스 부서의 직원들이 골치 아픈 메일을 열어보지 않으려고 한다는 사실을 전혀 모르고 있었다. 나 또한 몇 년 전 이와 비슷한 실수를 저지른 적이 있다. 당시 애로우 일렉트릭의 창고 직원들에게 오후 4시 이전에 받은 주문에 대해서는 반드시 당일 출고 원칙을 지켜야 한다는 지시를 내렸다. 애로우 일렉트릭의 모든 주문은 본사의 컴퓨터를 거쳐 창고의 프린터로 들어가게 되어 있었다. 그러므로 주문 접수가 이루어지려면 반드시 주문 내역이 창고에 있는 프린터를 통해 출력이 되어야만 했다. 하지만 창고 직원들은 3시가 되면 모든 프린터의 전원을 꺼버렸다.

이러한 현상들은 성과관리의 뒷면을 보여주고 있다. 문제는 세부적 업무 절차에 숨어 있다. 새로운 프로그램을 도입한 뒤, 직원들이 어떻게 반응하는지 예측하는 것은 매우 어려운 일이다. 원래 의도대로 효과를 거둘 수 있을지 확인할 수 있는 제일 좋은 방법은 해당 직원들 및 관리자들과 직접 대화를 나누어 보는 것이다. 히람은 오직 자신의 부하직원하고만 이야기를 나누었다. 그는 진작 카페테리아로 가서 직원들과 함께 차를 마시면서 많은 이야기를 나누었어야만 했다. 내가 거기서 히람과 같은 사람을 만났더라면 이렇게 조언을 해주었을 것이다. "창고에 일주일 동안만 가서 살펴보세요. 그리고 각 부서의 관리자들을 한번 따라다녀 보세요. 아니면 영업사원들과 함께 차를 타고 돌아다녀 보세요. 새로운 프로그램을 실시하기 이전에 몇 달 동안만이라도 우리 회사의 분위기를 한번 파악해 보세요."

히람은 레인배럴의 비즈니스 전반에 대해 아무 것도 모르고 있었다. 회사가 어떻게 돌아가는지, 그리고 기업문화는 어떠한지에 대해 아무 것도 모르고 있었다. 이러한 모든 정보를 사전에 갖추고 있었어야, 히람은 어떠한 변화가 필요한지, 그리고 어떤 속도로 변화를 추진해야 하는지를 파악할 수 있었을 것이다.

여기서 한 가지 커다란 의문점이 떠오른다. 그렇다면 CEO는 상황이 이렇게 될 때까지 무엇을 하고 있었던 것일까? 키스 랜들은 새로 들어온 CFO에게 모든 권한을 넘겨주고 최고경영자로서의 역할과 임무는 모두 내팽개쳐 두고 있었다고밖에 볼 수 없다. 게다가 히람이 했던 일들 중 어떤 것은 CFO의 소관이 아니었다. 아주 옛날 아버지는 내게 이런 말을 들려주셨다. "현명한 판단은 경험으로부터 나온단다. 하지만 안타깝게도 경험은 잘못된 판단에서 얻어진다." 유능한 관리자는 실수의 과정 속에서 현명한 판단을 내릴 수 있는 역량을 쌓아가면서 완성된다. 히람 역시 이러한 아픔을 통해 교훈을 얻어야만 할 것이다. 그러나 키스 랜들은 교훈을 깨닫기에는 너무 늦었다.

고객에게 집중하라

스티븐 그로스(Steven E. Gross)는 머서 휴먼 리소스 컨설팅(Mercer Human Resource Consulting)에서 기업의 임금 관련 컨설팅 업무를 맡고 있다. 또한 필라델피아 지역을 중심으로 직원 급여에 관한 칼럼을 쓰면서 강연회도 열고 있다.

이 사례에서 긍정적 측면은 기업의 목표에 대한 직원들의 책임감을 높이기 위해 경영진이 성과 측정에 관심을 보였다는 사실이다. 하지만 부정적 측면은 성과 시스템에 접근하는 방식과 설계상에서 문제가 발생했다는 사실이다. 그 결과 단기적으로 성과를 거두기는 했지만 장기적으로 기업에 많은 손실을 입혔다. 당시 레인배럴은 직원들이 아니라 고객 업체들에게 관심을 집중했어야만 했다. 히람이 실패했던 것처럼 표면적 개선 작업은 경영진이 나서서 직원들을 직접 설득하지 않는 이상 성공을 거두기 어렵다.

성과관리 프로그램을 합리적으로 추진할 수 있는 유일한 비결은 성공에 대한 기준을 명확하게 정의하는 것이다. 하지만 히람은 이 과정을 건너뛰었다. 그렇다면 성공에 대한 기준이란 무엇일까? 매출일까? 아니면 수익, 또는 사업 확장인가? 히람은 이에 대한 전반적 그림을 그리지 않은 채, 세부적 절차에만 집중했다. 그럼에도 불구하고 자신의 노력이 기업 성과 전반에 긍정적 영향을 미칠 것이라고 기대하고 있었다. 처리하는 전화 건수를 기준으로 콜센터 직원들의 성과를 측정한 시도가 대표적 사례이다. 이러한 방법으로는 고객 서비스의 처리 상황을 점검할 수는 있지만 고객만족도를 높일 수는 없다. 레인배럴의 경영진은 스스로 이러한 질문을 던져보아야 했을 것이다. '한 건의 통화만으로도 고객 업체의 의문점들을 모두 풀어 주었는가?' 직원들의 근속 기간이 서비스의 품질로 직결된다는 점을 감안할 때, 이직률 항목도 성과 기준에 포함시켰어야만 했다. 현실적 차원에서 성과에 대한 객관적 평가, 소비자가 원하는 것에 대한 인식, 그리고 최고의 가치창조 실현이라는 과제들 사이에서 균형을 잡는 것은 언제나 어려운 일이다.

내가 히람이라면 개선 작업을 추진하기 전에 두 가지 기본적 질문을 던져 보았을 것이다. "기업은 직원들이 어떤 일을 성취하기를 바라고 있는가?", 그리고 "직원들은 왜 아직까지 그 일을 이루지 못하고 있는가?" 이 질문에 대해 생각해봄으로써 우리는 통찰력을 얻을 수 있다. 정보나 기술이 부족한 것일까? 업무적 도구나 시설 기반이 없는 것일까? 의욕이 낮아서일까? 만약 그렇다면 직원들이 더 열심히, 그리고 더 현명하게 일할 수 있도록 격려를 해야 하는 것인가? 히람의 모든 시도는 직원들이 열심히 일을 하고 있지 않다는 것을 기본 전제로 하고 있다. 하지만 직원들은 대부분 충분히 열심히 일하고 있다. 내가 보기에 열심히 일을 하려는 직원들이 그렇지 않은 직원들보다 압도적으로 더 많은 것 같다. 배송이 지연된 구체적 이유에 대해 창고 직원들에게 물어본 임원진이 레인배럴에 한 명이라도 있었을까?

레인배럴 사례에서는 새로운 프로그램을 구축하는 동안 직원들로부터 의견을 수렴하려고 했던 시도를 찾아볼 수 없다. 그리고 프로그램을 추진하는 과정에서 정보 공유와 의사소통, 그리고 교육이 제대로 실시되었던 것 같지도 않다. 직원들로부터 의견을 들으려고 했다면 단지 프로그램의 목표가 무엇인지를 알려주는 단계에서 벗어나 그 프로그램이 기업과 주주들에게 어떠한 의미를 갖고 있는지 설득하려는 노력을 했어야만 했다. 즉 히람은 전투기 조종사와 같은 자세로 임했어야 했다. 또한 직원들의 경험과 피드백을 통해 앞으로 프로그램들을 수정해 나갈 것이라는 사실을 분명하게 밝혔어야만 했다.

또한 프로그램을 도입하기 전에 직원들에게 자세하게 설명을 했더라면 좋았을 것이다. 그랬다면 직원들은 목표를 달성하는 방법과 평가를 받는 방식에 대해 검토해 볼 수 있는 여유를 가질 수 있었을 것이다. 나는 예전에 와이오밍 주의 광산 업체로부터 자문 요청을 받았던 적이 있다. 그 기업의 경영자는 비용을 낮추기 위해 비용을 줄일 수 있는 절약 아이디어를 내는 사람에게 인센티브를 지급하는 프로그램을 실시했다. 그러나 아이디어를 내서 인센티브를 받는 직원들은 계속 늘어났지만 기업의 수익성에는 아무런 변화가 없었다.

그리고 이 문제는 결국 나에게 주어졌다. 수치 자료만을 가지고서는 정확한 상황을 파악할 수 없었기 때문에 나는 직접 와이오밍으로 가서 실질적 조사를 했다. 나는 직접 광부들을 만나 물어보았다. "인센티브 프로그램이 시작된 뒤 최근 일 년 동안 새롭게 시작한 일들이 있습니까?" 내 질문에 대해 한 광부는 물 사용량을 줄이기 위해 수도꼭지 시설 일부를 폐쇄한 적이 있다는 말을 했다. 그 결과 물 소비는 크게 줄었지만 물 부족으로 인해 생산량마저도 감소하는 문제가 함께 발생했다. 결국 이 아이디어로 물 사용량은 12%가량 줄였지만 생산성 저하로 인해 전체 수익은 더 악화되었다.

이 사례는 인센티브 프로그램이 어떻게 변질될 수 있는가를 단적으로 보여주고 있다. 단기적 성과에만 집착한 보상 프로그램으로 인해 장기적 관점에서 기업의 발전 가능성이 위협을 받을 수 있다.

계획적 접근이 필요하다

퇴역한 해군중장 디에고 에르난데스(Diego E. Hernandez)는 공공 및 민간 부문의 경영 컨설턴트로 일하고 있다. 그리고 여러 기업의 임원직을 맡고 있다. 현재 플로리다 주 마이애미 레이크 지역을 중심으로 활동하고 있다.

우선 짧은 기간 동안 히람이 벌였던 일들을 정리해 보자. 그는 우선 조직 내 불안감을 조성했다. 두 가지 무리한 목표를 달성하고 이를 위해 직원들을 해고함으로써 살아남기에 급급한 업무 환경을 만들었다. 게다가 업무량은 그대로 둔 채 직원들의 수만 줄였다. 그리고 고객 서비스, 배송, 연구개발 부서에게 부적절한 성과 기준을 강요하였다. 또한 향후 기업을 이끌어 갈 영업사원들의 사기를 꺾었다. 게다가 혁신적 제품의 출시를 연기했으며 직원들에게 공개적 모멸감을 안겨 주었다. 직원들은 새로운 프로그램을 교묘하게 이용하는 것만이 훌륭한 대처법이라고 여기게 되었다.

히람은 프로그램들을 실시하기에 앞서 접근 방식에 대해 다시 한 번 고민을 했어야만 했다. 그러나 나는 레인배럴의 문제가 단지 히람과 그 프로그램에만 국한된 것은 아니라는 점을 지적하고 싶다. 히람은 분명히 자신의 결정이 기업에 어떤 파장을 몰고 올 것인지를 예측하지 못하고 있었다. 그러나 잘못은 히람 혼자에게만 있지 않다.

기업에서 가장 중요한 존재인 CEO마저도 직원과 고객 업체들의 목소리에 관심을 기울이지 않았다. 인사부 책임자 역시 직원들의 의욕 문제를 해결하기 위해 무엇을 해야 할지에 대해 전혀 파악하지 못하고 있었다. 제품개발 책임자는 획기적 제품개발에도 불구하고 예산 문제로 출시가 늦어지고 있다는 사실을 CEO에게 보고조차 하지 않았다. 또한 임원진들 모두 CEO가 상업적으로 가치 없는 특허권에 지나치게 많은 돈을 쓰고 있다는 사실을 알고 있었다. 그럼에도 불구하고 이에 대해 공식적, 정기적으로 이의를 제기하지 않았다는 사실 또한 기업의 근본적 문제점을 드러내고 있다.

연구개발 책임자가 변명을 할 때까지 아무도 이와 관련된 문제를 제기하지 않고 있었다. 직원들이 기업을 위해 열심히 노력하지 않는다는 사실을 알았을 때, 그들은 과연 충격을 받았을까? 적어도 레인배럴의 임원진들은 그렇지 않았을 것이다.

성공적 성과관리 프로그램은 직원들이 그 목표를 이해하고 수용할 수 있도록 하는 투명한 형태의 양방향 의사소통으로부터 출발해야 한다. 여기서 더욱 중요한 사실은 직원들의 반응을 파악할 수 있는 다양한 통로가 필요하다는 점이다. 경영자는 이러한 통로를 통해 프로그램에서 발생하는 구체적 문제들을 파악할 수 있다. 업무 현장의 구체적 현실을 알지 못하고서 경영자는 결코 올바를 판단을 내릴 수 없다. 하지만 레인배럴의 임원진들은 모두 직원들의 목소리를 외면하고 있었다.

나는 레인배럴이 직원들의 성과를 개선하기 위해서는 성과를 기준으로 인센티브를 지급하는 단계를 뛰어넘어 눈에 보이지 않는 보상까지 활용해야 한다는 점을 지적하고 싶다. 직원에 대한 공식적 인정, 감사 편지, 칭찬은 그들이 기업의 목표에 더 많은 관심을 갖게 만들 수 있다. 실제로 이와 같이 동기부여 방식은 놀라운 힘을 발휘한다. 하지만 기업들은 이러한 형태의 보상은 거의 활용하지 않고 있다.

나의 기본적 성향은 분명 해군으로 근무했던 시절로부터 많은 영향을 받았을 것이다. 일반적으로 미군 지휘관에게는 사병들에 대한 보상을 결정할 수 있는 권한이 주어져 있지 않다. 게다가 성과가 좋은 사병들에게 보너스를 지급할 권한도 없다. 군인은 오직 임무 수행에만 집중해야 하기 때문이다. 모든 군인들은 목표를 받아들이고 이를 향해 최선을 다해야만 임무를 수행할 수 있다는 사실을 잘 알고 있다. 군인들에게 지급하는 급여는 모두 의회에서 결정한다. 그렇다면 군은 사병들에게 어떻게 동기를 부여하고 있을까? 일단 높은 목표를 설정한 뒤, 간단하고 반복적 형태로 의사소통을 지속해 나간다. 실질적 기준을 마련하기 위해서는 많은 문제들을 해결해야 한다. 군은 군인들에게 목표 수행에 필요한 다양한 방안들에 대해 지원한다. 그리고 언제나 나타나기 마련인 장애물을 헤쳐 나갈 수 있도록 적극적 도움을 제공한다.

이를 위해 군은 사병들의 말을 귀담아 듣고 다양한 피드백 통로를 통해 현장의 상황을 파악하고 있다. 또한 중간 단계의 목표를 설정해서 공식적 차원에서 실적을 평가한다. 일반 기업들과는 달리, 군은 유능한 군인만을 승진시키고 그렇지 못한 군인들은 탈락시킨다. 이러한 모든 노력들을 군은 끊임없이 실천하고 있다. 그 과정에서 군인들은 조직의 목표와 강한 일체감을 갖고 임무 완수에 따른 강한 자신감을 얻는다. 나는 목표 달성만큼 지도자에게 강력한 에너지를 주는 것은 없다고 자신 있게 말할 수 있다.

하지만 레인배럴은 정반대로 흘러갔다. 직원들은 대체적으로 소외감을 느끼고 있다. 이러한 문제점을 해결하기 위해서 레인배럴은 우선 직원들이 소속감을 느낄 수 있도록 해야 한다. 그리고 직원들이 목표를 달성할 수 있는 업무 환경을 조성하고 성과를 측정하고 보상을 제공하는 합리적 시스템을 마련해야 한다. 평가 기준은 중요하다. 하지만 성과를 높이기 위한 열쇠는 먼저 사람들 속에서 찾아야 한다.

원상복구 시켜라

배리 레스킨(Barry Leskin)은 쉐브론 텍사코(Chevron Texaco)의 최고학습책임자를 지냈으며 영국 언스트 앤드 영(Ernst & Young)의 인적자원 파트너로 활동했다. 그리고 남부 캘리포니아의 마샬 경영대학원에서 경영관리 및 조직학 학장을 역임했다. 현재 개인 컨설턴트로 일하고 있다.

불행하게도 레인배럴은 이제 히람 필립이 했던 과오들을 오랜 시간에 걸쳐 원래대로 되돌려놓아야만 한다. 그리고 CEO는 단기적이면서도 시스템 전반에 영향을 주는 성과 개선을 위한 두 가지 개선 방안을 신속하게 실천해야 한다. 두 가지 개선 방안이란 첫째, 성과 시스템의 책임자를 선정하고 둘째, 기업 전략에 맞게 성과 시스템을 새롭게 구축해야 한다.

중간 직급으로부터 고위 간부에 이르기까지, 실적이 우수한 관리자는 기업 성과에 엄청난 영향을 미친다는 사실이 연구를 통해 밝혀졌다. 이 연구에 따르면 유능한 관리자들의 생산성은 다른 직원들에 비해 평균 50%나 높다고 한다. 그러므로 레인배럴은 유능한 관리자들을 빨리 선별하고 업무에 필요한 기술을 개발할 수 있도록 교육 기회를 마련해야 한다. 그리고 조직의 주요 자리에 이들을 재빨리 배치해야 한다. 이러한 시도는 강력한 성과 시스템을 구축하여 기업의 성과를 개선할 수 있는 가장 효율적 방안이다.

다시 말해 성과를 전반적으로 개선하기 위해서는 성과 시스템만으로는 부족하다. 성과 및 보상 시스템을 기업의 전략적 방향에 일치시키는 작업이 동시에 이루어져야 한다. 특정한 활동을 장려하거나 의도와는 달리 보상이 이루어졌다고 하더라도 원활한 의사소통을 통해 전략을 수립하고 전략을 실행하기 위한 일관적 노력을 기울인다면 경영진은 기업이 추구하는 가치를 직원들에게 전달할 수 있다. 성과 시스템과 기업 전략이 서로 조화를 이룰 때, 그리고 기업이 관심을 기울이는 활동에 대해 지속적으로 보상을 제공할 때, 기업은 최고의 성과를 달성할 수 있다.

적합한 책임자들을 임명하고 성과 시스템을 기업 전략과 조화롭게 구축하는 작업은 성과 개선에 중요한 역할을 한다. 하지만 결과에만 집착하는 일부 관리자들은 이러한 접근 방식을 '미온적'이라고 여기면서 그 중요성을 과소평가하는 경향이 있다. 이러한 부류의 관리자들은 인사와 관련된 사안에 대해서도 기술적 관점으로만 접근하려고 한다. 하지만 그러한 방식으로는 아무런 성과를 얻을 수 없다.

히람이 바로 이러한 관리자에 해당한다. 그는 자신의 시도가 기업에 어떠한 영향을 미치게 될지에 대해 다른 부서장들과 아무런 논의를 하지 않은 채, 새로운 성과 시스템을 밀어붙였다. 결과는 참담했다. 키스 랜들 역시 마찬가지다. 결론적으로 볼 때, 히람을 책임자로 임명한 사람은 바로 키스 랜들이었기 때문이다. 여러분은 조직에 변화를 주고자 선택한 랜들의 접근 방식에 대해 어떠한 문제점이 있다고 생각하는가? 랜들은 히람이라고 하는 새로운 책임자를 임명함으로써 조직 전반에 어떠한 메시지를 전달하고자 했는가? 그리고 이로 인해 자신에 대한 직원들의 신뢰도는 어떻게 바뀌었는가?

컨설턴트 및 인사 책임자로서 일하는 동안, 나는 레인배럴의 경우에서처럼 기업 성과에 실질적 기여를 하는 직원들의 사기를 오히려 꺾어버린 사례를 많이 접했다. 한 기업이 '직원들이 목표를 달성하거나 실패하는 과정에서 관리자들의 역할이 어느 정도 영향을 미치는가'에 대해 조직 전체에 걸친 조사를 실시했다. 조사 결과, 성과가 큰 관리자라고 해서 '효율적 리더십'으로 인식되는 것은 아니라는 사실이 밝혀졌다. 즉 성과가 큰 사람들이 부하직원들이나 동료들로부터 경쟁력 있고 유능하다고 여겨지고 있는 것은 아니라는 것이다. 이러한 사실은 기업에서는 성과 못지 않게 인간관계와 조화가 더욱 큰 힘을 발휘한다는 점을 보여주고 있다.

오늘날 많은 기업들이 현재 상황을 벗어나기 위해 모험을 시도하면서도 골치 아픈 문제를 제기하는 직원들은 억압하고 있다. 하지만 이러한 직원들은 기업 성과 개선에 중대한 역할을 할 수 있다. 그러나 이러한 성향을 지닌 직원들이 높은 자리에 오르는 경우, 너무 앞서 나간다든가, 아니면 더 '다듬어야' 할 필요가 있다는 인상을 조직에 주기 때문에 역량을 제대로 발휘하지 못하고 내려오는 경우가 많이 있다.

기업들은 대부분 성과 시스템을 비합리적으로 운영하고 있다. 성과 시스템의 전반적 목표는 직원들의 성과를 확인하고 이를 개선하기 위함이다. 그러나 기업 내 보너스 전체 금액은 한정되어 있기 때문에 성과가 높은 직원들에게 높은 보상을 제공하기 위해서는 차이가 아무리 작다고 하더라도 성과가 보통이나 그 이하인 직원들에게 불이익을 줄 수밖에 없다. 하지만 기업들은 또 다시 일반 직원들의 사기 저하를 우려하여, 가능한 평등한 방식으로 보상을 지급하고자 한다. 그러나 이러한 수정안은 높은 성과를 달성한 직원들의 의욕을 저하시켜 성과 시스템의 본질을 무너뜨리고 만다.

이와 같은 사례들은 얼마든지 있다. 그러나 내가 여기서 말하고자 하는 바는 간단하다. 키스 랜들이 적임자를 선택하였더라면, 기업의 목표에 대해 더욱 투명하게 의사소통을 했더라면, 그리고 성과 시스템을 전략적 방향에 맞게 구축하였더라면, 기업 성과는 점차 나아졌을 것이다. 그리고 발전의 속도는 시간이 지날수록 높아졌을 것이다.

7

아테네에서 배우는 민주적 조직 구축

브룩 맨빌
Brook Manville

조시아 오버
Josiah Ober

요약 | 아테네에서 배우는 민주적 조직 구축

우리는 지금 지식경제 시대에 살고 있다. 오늘날 기업의 자산은 더 이상 빌딩, 기계, 부동산이 아니라 직원들의 지식과 열정, 기술, 경험이다. 그렇기 때문에 직원들의 능력과 열정을 이끌어 내어 조직의 발전을 위해 활용하는 것이 가장 중요한 경영 과제로 떠오르고 있다. 하지만 아직까지 이러한 과제들이 실현되고 있는 것 같지는 않다. 경영자들은 모두 장밋빛 비전을 제시하고 있지만 기업의 소유 구조, 관리 체계, 인센티브'제도는 아직도 산업사회 시대의 틀을 벗어나지 못하고 있다.

이러한 문제점의 중심에는 조직 모델이 있다. 기업들은 산업사회 시대의 명령-통제 시스템을 벗어나려고 하고 있지만 오늘날 직원들이 요구하고 있듯이, 자율적으로 의사결정을 내리고 조직을 관리하는 진정한 민주주의 시스템으로는 나아가지 못하고 있다.

이 글에서 우리는 역사적 접근 방식을 통해 지식경제 시대에 어울리는 민주적 조직 모델에 대해 살펴보고자 한다. 약 2500년전, 고대 도시국가 아테네는 시민들에게 정치 참여의 권리와 공직 활동의 의무를 동시에 부여함으로써 획기적으로 정치적, 경제적 성과를 이룩했다. 시민들이 직접 참여하는 민주주의를 기반으로 아테네인들은 특유의 창조적 재능을 마음껏 발휘하였으며 놀라운 사회적 가치들을 창출했다. 이러한 아테네 민주주의 시스템에 대한 분석은 앞으로 기업들이 직원들의 잠재력을 발굴하고 지식경제 시대로 나아가기 위한 중요한 밑거름이 될 것이다.

물론 아테네 민주주의는 한 가지 모델에 불과하다. 기업들에게 완벽한 해답을 제시해 주는 것도 아니다. 그러나 고착화된 관료 조직에 의지하지 않고 존경하고 신뢰하는 분위기 속에서 구성원 모두 스스로 조직을 관리할 수 있는 가능성을 보여주고 있다는 차원에서 아테네 민주주의 시스템의 의미를 찾을 수 있다.

획기적 민주주의 시스템

지식경제 시대에 접어들었음에도 불구하고 오늘날 많은 사람들이 지적 자본을 제공한 사람이 아닌, 금전적 자본을 제공한 사람이 기업을 소유하고 있다고 믿고 있다. 아직도 많은 기업들이 조직의 맨 꼭대기에 경영관리팀을 마련해 두고 있으며 이를 통해 조직 전체를 관리하고 있다. 게다가 파블로프가 실험에서 사용했던 당근과 채찍의 방식 그대로 직원들을 통제하고 있다.

최근 들어 조직 전반에서 관료적 측면이 분명 크게 줄어들고 있다. 권한도 예전에 비해 아래로 위임되었다. 설비 관리자, 공장 근로자, 고객 서비스 담당자와 같은 현장 직원들의 자율성은 높아졌다. 그러나 이러한 변화 역시 요즘 주목을 받고 있는 '권한위임(empowerment)'의 개념을 벗어나지는 못하고 있다. 오늘날 직원들은 자신의 업무에 대한 주요 결정권을 갖고 있으며 소속 부서의 의사결정 과정에도 폭넓게 참여하고 있다. 하지만 기업의 거시적 방향을 결정하는 중요한 전략 회의에는 여전히 참여하지 못하고 있다. 현실적 측면에서 직원들은 여기서 제외되어 있다. 이러한 현상은 기업 세계에서 매우 보편적으로 나타나고 있다. 이로 인해 직원들 대부분은 조직으로부터 소외감을 느끼고 있다. 그리고 기업의 비전에 대한 직원들의 부정적 시각과 냉소적 태도는 여전히 사라지지 않고 있다. 게다가 조직에 대한 소속감 역시 부족한 상황이다.

이러한 문제점의 중심에는 조직 모델이 있다. 기업들은 산업사회 시대의 명령-통제 시스템을 벗어나려고 하고 있지만 오늘날 직원들이 요구하고 있듯이, 자율적으로 의사결정을 내리고 조직을 관리하는 진정한 민주주의 시스템으로는 나아가지 못하고 있다. 우리는 여기서 기업 세계에 도입할 수 있는 획기적 민주주의 시스템을 과거의 역사를 통해 살펴보고자 한다. 2500년전, 고대 도시국가 아테네는 시민들에게 정치 참여의 권리와 공직 활동의 의무를 동시에 부여함으로써 놀라운 정치적, 경제적 성과를 이룩했다. 항상 성공적이었던 것은 아니었지만 시민들이 직접 참여하는 민주주의를 기반으로 아테네인들은 특유의 창조적 재능을 마음껏 발휘하였으며 놀라운 사회적 가치들을 창출했다. 아테네 시민들은 적극적으로 사회 활동에 참여하였으며 이 과정에서 서로의 의견을 조율해 나갔다. 이러한 아테네 민주주의 시스템에 대한 분석은 오늘날 기업들이 직원들의 잠재력을 발굴하고 지식경제 시대로 발전해 나아가기 위한 중요한 밑거름이 될 것이다.

고대 시대의 모델

기원전 480년 어느 날, 아테네 해안에 있는 그리스의 작은 섬 살라미스에 해가 떠오르고 있다. 나무로 된 전투함 위에 올라탄 아테네 병사들은 창과 노를 들고 무시무시한 페르시아 군대를 맞설 준비를 하고 있다. 페르시아 해군은 그리스 본토를 점령하고 아테네라고 하는 고도로 발달된 도시국가를 전리품으로 차지하기 위한 만반의 태세를 갖추고 있다. 해협 맞은편 언덕에는 페르시아의 황제가 자신의 눈으로 직접 승리를 확인하기 위해 자신감에 가득 찬 눈빛으로 전장을 내려다보고 있다. 반면 아테네 병사들은 대부분 시민들로 구성되어 있었고 전쟁을 지휘하는 왕도 보이지 않았다.

그러나 전쟁터의 하루가 저물 무렵, 페르시아 황제의 원대한 꿈은 산산조각이 났다. 아테네 시민들은 놀라운 전략을 발휘하여 전쟁터를 종횡무진 누볐다. 지리 및 기후에 관한 정확한 정보와 소형 전투함의 기동성을 십분 발휘하여, 아테네 병사들은 페르시아 군함의 허를 찔렀다. 그리고 마침내 아테네는 페르시아 함대를 모두 물리치고야 말았다. 시민의식으로 뭉친 아테네 병사들은 용맹스럽게 맞섰고 기발한 전략과 애국심, 그리고 열정의 힘으로 역사적 승리를 거두었다. 3만 명에 불과한 아테네 병사들은 모든 면에서 불리했었지만 강력한 페르시아 함대를 물리쳤던 것이다.

살라미스 대승 이후, 아테네인들은 그들의 장점을 발휘하여 에게해 전체로 영향력을 넓혀 나가기 시작했다. 정치 및 군사 시스템을 절묘하게 결합하고 전진과 후퇴를 탄력적으로 반복해 나가면서 아테네인들은 그리스의 위대한 도시국가를 건설했다. 해상에서는 페르시아 군함뿐만이 아니라 해적들을 소탕하여 에게해의 상권을 더욱 안전하게 만들었다. 상업 거래가 활발해지면서 큰돈을 번 상인들이 나타나기 시작했다. 그리고 아테네의 식민지로부터 오늘날 수십 억 달러에 해당하는 세금 및 공물을 거두어들임으로써 개인은 물론 공공의 재산이 크게 증가했다.

동시에 아테네인들은 전례 없는 문화적 전성기를 누렸다. 민주주의 시스템이 자리 잡혀가는 과정에서 개방적, 실험적, 상업적 측면이 두드러지게 나타났다. 그리고 지중해 전 지역으로부터 수많은 철학자, 예술가, 과학자, 시인들이 아테네의 아카데미와 학술회, 그리고 토론 광장으로 몰려들었다.

역사적으로 유서 깊은 파르테논 신전이 우뚝 솟았으며 다양한 건축물 및 조각 작품들이 넘쳐났다. 도덕철학이 탄생했고 역사기록 기술도 발전했으며 희극은 하나의 예술장르로 자리 잡았다. 과학자들은 지구와 천체에 관한 문제를 원자적 차원에서 밝혀내고자 노력하였으며 이 과정에서 다양한 이론들이 등장했다.

아테네의 위대한 유산을 이루어낸 원동력은 다름 아닌 시민의 자율성과 사회 참여, 그리고 민주적 문화에 기반을 둔 개방적 정치체제였다. 아테네 사회의 중심에는 그리스어로 '폴리테이아(politeia)'라고 하는 시민공동체가 있다. 여기서 아테네 시민들은 정치 참여의 권리와 공직 수행의 의무를 동시에 지니고 있었다. (아테네 민주주의는 시민사회 및 정치적 차원에서 분명 중요한 의미를 지니고 있다. 하지만 여자와 외국인들은 여기서 제외되었으며 노예제도도 존재했었다는 사실 또한 함께 고려해야만 할 것이다.) 오늘날 민주주의에 대한 협소한 관점으로는 아테네 민주주의의 풍부함을 이해하기 어렵다. 최소한의 의무, 그리고 멀리 떨어져 있는 폐쇄적 엘리트 정치 구조를 기반으로 하고 있는 수동적 법적 지위, 즉 우리가 오늘날 '시민권'이라고 부르는 개념은 사실 아테네 민주주의의 껍데기에 불과할 뿐이다.

시민사회의 구조

아테네 민주주의가 성공한 까닭은 무엇일까? 그리고 오늘날 기업 세계를 위한 이상적 모델로 거론할 수 있는 이유는 무엇일까? 그것은 첫째, 아테네 민주주의 시스템은 시민들을 통제하기 위한 것이 아니라 시민들의 요구와 믿음, 그리고 행동을 바탕으로 조직적으로 성장했기 때문이다. 당시 아테네의 시민정신은 규범이나 법률에 못지않은 강력한 힘을 발휘했다. 이러한 관점에서 오늘날 기업들이 아테네의 시민정신과 같은 강력한 동기를 조직 전반에 구축하고자 한다면 경영자는 직원들이 자율적으로 판단하고 행동할 수 있는 경영관리 시스템을 구축해야만 한다. 둘째, 아테네 민주주의는 전체적으로 통합된 구조를 형성하고 있었다. 아테네는 사회 전반에 걸쳐 정보를 공유했다. 오늘날 기업들이 경영진을 포함한 조직 전체에 걸쳐 중요한 정보를 공유하는 것과 같다. 아테네 민주주의는 '참여구조(participatory structures)'를 기반으로 의사결정을 내리고 사회적 현안들을 논의하고 시민들의 활동을 스스로 감시하였다. 이러한 참여구조는 사회적 관계를 형성하는 다양한 '공동체 가치(communal values)'이자 시민들의 전반적 참여를 보장하는 '실천적 기반(practices of engagement)'이라고 할 수 있다. 이러한 아테네 민주주의의 참여구조에 대해 자세하게 살펴봄으로써 우리는 미래지향적 기업의 조직 구조에 대한 영감을 얻을 수 있을 것이다.

참여구조

아테네 사회구조는 급진적 형태의 수평조직이라고 할 수 있다. 오늘날 첨단 기업들보다 더 수평적이다. 평의회, 법정, 민회, 집행부 등과 같은 기관들은 저마다 분명한 역할을 담당하고 있었으며 일반적인 모든 공공 업무를 수행했다. 그리고 이러한 기관들을 기반으로 관료주의적 폐해를 최소화하고 지배층의 형성을 견제하였으며 행정 및 재판 업무에 시민들의 참여를 보장하였다. 성인 남성들은 모두 해당 지역의 정책 수립에 참여하였으며 민회의 구성원으로 활동할 수 있는 권리가 주어졌다. 시민들은 거의 일주일마다 한 번씩 소집되는 민회에 참여하여 도로 건설을 위한 재정 안에서부터 전쟁 선포에 이르기까지 국가적 중대 사안에 대해 토론하고 결정했다. 그리고 매년 선택된 500명의 시민들로 구성된 평의회는 민회의 업무를 관리하고 민회에서 논의할 안건을 상정하고 회의를 주재하는 역할을 담당했다.

그리고 사령관, 행정관, 관리자로 구성된 '집행부'는 회의에서 나온 결정들을 신속하고 원활하게 추진하는 기능을 했다. 집행부의 구성원은 선거나 추첨과 같은 체계적 방식으로 선발했다. 3만 명가량의 아테네 전체 시민은 일정한 나이가 되면 대부분 이러한 공직을 수행해야 하는 의무가 주어졌다. 또한 시민들은 업무 성과에 따라 포상이나 처벌을 받기도 했다. 평가는 시민들에 의해 자율적으로 이루어진다. 재판 업무 역시 개방적이고 참여적 방식으로 이루어진다. 일반 시민들로 이루어진 중재기구는 사회적 분쟁을 원만히 해결하는 임무를 담당했다. 하지만 조정이 힘들거나 중대한 범죄인 경우, 재판관이 전체 시민을 대표하여 판결을 내리고 형을 부과할 수 있었다.

투명한 절차적 규범을 바탕으로 아테네 사회는 행정 및 재판 업무를 보다 확실하고 공정하고 유연하게 처리하였다. 하지만 여기서도 시민들의 열정과 관심을 배제하지 않았다. 오히려 시민 참여를 적극적으로 유도했다. 시민들이 직접 참여하여 결정하는 사안들은 실제로 생사가 걸린 중요한 문제들이었다. 그렇기 때문에 다른 사람들의 권리를 존중하기만 한다면 아무리 흥분해서 큰소리로 말한다고 해도 회의장에서 쫓겨날 위험은 없었다. 한편 기술적 사안에서는 전문가의 역할이 특히 중요하다. 하지만 아테네 사회에서는 전문가의 중요성은 비교적 낮은 편이었다. 오히려 항상 새로운 관점과 지식을 수용할 수 있다는 장점 때문에 아마추어적 방식이 더욱 적합한 것으로 생각되었다. 기술적 문제는 주로 전문가들이 맡았지만 그렇다고 해서 특별한 지위가 주어지는 것은 아니었다. 재판과 행정 업무에 대한 기록은 일반 시민들도 쉽게 이해할 수 있는 방식으로 작성되었다. 전문적 판사나 검사들은 없었다. 평의회나 민회에서 열리는 회의는 참여한 시민들이 모두 발언을 마칠 때까지 지속되었으며 어느 누구도 이를 중단할 수 없었다. 투표는 대부분 공개로 진행되었으며 '합의'에 기반을 두고 이루어졌다. 재판의 공정성을 높이기 위해 비밀투표를 하는 경우도 간혹 있었다.

또한 아테네 사회는 시민들의 참여를 방해하는 모든 장애물들을 제거하기 위해 노력했다. 여기서 더욱 중요한 사실은, 아테네 민주주의는 이상적 사회를 향한 시민들의 믿음으로 이루어졌다는 점이다. 아테네인들의 믿음은 오늘날 직원들이 기업에 대해 갖고 있는 믿음과는 크게 다르다. 오늘날 기업의 주요한 의사결정은 대부분 엘리트들이 맡아서 하고 있다. 그들은 임원실이나 회의실에 모여 문을 굳게 걸어 잠그고 결정을 한다. 게다가 엄격한 기획 및 예산안, 결재 절차로 인해 자유롭고 투명한 방식으로 아이디어를 제안하거나 논의를 진행할 수 있는 길이 막혀버렸다. 이로 인해 경영진에 대한 직원들의 불신은 뿌리 깊게 박혀 있다. 최근 미국에서 불거지고 있는 기업 관련 스캔들에서 알 수 있듯이, 기업들의 이러한 독단적 경영관리 방식은 조직에 치명적 피해를 끼치고 있다.

공동체 가치

하지만 오늘날 아테네와 같은 민주적 구조를 구축한다고 해서 모든 것이 해결되는 것은 아니다. 현대인들은 회의에 참석하기 위해 먼 거리를 이동하거나, 가끔 있는 공무수행을 위해 귀한 시간을 낭비하거나, 국가를 위해서 전쟁터에서 목숨을 바치려고 하지는 않을 것이다. 아테네 사람들은 그들만의 숭고한 목적이 있었기 때문에 가능했다. 즉 공동체와 운명을 함께 한다는 인식을 공유하고 있었다. 이러한 인식이 있었기 때문에 개인을 위한 공동체, 그리고 공동체를 위한 개인이라는 개념이 가능했던 것이다. 하지만 오늘날 기업들의 경우, 개인과 조직의 이해관계가 상충하고 있다. 경영자는 직원과 조직의 긴장관계를 끊임없이 조율해야만 한다. 그러나 아테네 사회에서는 이러한 긴장관계가 존재하지 않았다. 시민과 국가의 이해관계는 서로 다르지 않았기 때문이다.

아테네의 공동체 사회에서 첫 번째 가치는 개인이다. 아테네 사회는 시민들의 자유의지와 기회평등을 보장하고 외부의 위협으로부터 개인의 안전을 지키기 위해 노력했다. 시민들은 자유롭게 자신의 생각을 사회적으로 표현할 수 있었고 토론에 참여하고 이견을 제시하고 자신의 이해관계와 관련된 모든 사안에 적극적으로 관여할 수 있었다. 아테네 민주주의 시스템은 시민들의 이러한 활동을 보장하였다. 동시에 시민들은 개인적 이익도 마음껏 추구할 수 있었다. 사회적 의무도 충실히 수행해야 하지만 이는 공동체가 자신의 기술이나 의견을 필요로 하는 경우에만 해당한다. 모든 시민들은 공동체에 기여를 하면서 동시에 자신의 잠재력을 실현할 수 있는 평등한 기회를 보장받았다. 또한 아테네 사회는 자유와 평등을 위협하는 정치적, 언어적 폭력으로부터 개인을 보호했다. 그리고 외부 세력의 침략뿐만이 아니라 내부 구성원이나 집단의 범죄로부터 시민의 안전을 보장하기 위해 모든 시민들은 공동체의 일원으로서 공익을 위해 협력했다. 이와 같이 아테네는 사회적 발전을 추구하는 과정에서 개인의 권리와 안전을 우선시하였다.

아테네의 두 번째 공동체 가치는 개인이 곧 국가라는 이념을 바탕으로 개인과 공동체의 이익을 균형적으로 추구했다는 점에 있다. 이러한 개념은 아테네 사회에 깊숙이 뿌리를 내리고 있다. 이러한 점은 단어를 통해서도 확인할 수 있다. '아테네(Athens)'라는 단어는 단지 지역 명칭에 불과하지만 '아테네인(the Athenians)'이라는 단어는 아테네 공동체와 그 문화를 모두 함축하고 있다. 즉 지역보다 사람을 가리키는 단어가 더 넓은 의미를 포함하고 있는 셈이다. 그리스 역사가 투키디데스(Thucydides)의 기록에 따르면 큰 전쟁을 앞둔 전날 아테네의 한 장군은 병사들을 모아놓고 이렇게 외쳤다고 한다. "아테네를 지키는 것은 군함이나 성벽이 아니라 바로 우리 시민들이다." 오늘날 수많은 경영자들 역시 이와 비슷한 모습으로 외치고 있다. 하지만 얼마나 많은 직원들이 그들의 말에 감동을 받을까? 그리고 얼마나 많은 직원들이 기업의 이익을 자신의 이익이라고 여기고 있을까?

아테네의 세 번째 공동체 가치는 도덕적 상호주의(moral reciprocity)이다. 도덕적 상호주의란 일상적 차원에서 개인과 공동체의 이해가 조화를 이루는 관계를 의미한다. 다시 말해 '나의 이익은 무엇인가?'라는 질문과 '우리의 이익은 무엇인가?'라는 질문, 그리고 두 질문 사이의 관계를 모두 고려하는 뜻이다. 도덕적 상호주의의 근간에는 구성원에 대한 교육이 공동체의 기본 임무라고 하는 사회적 믿음이 깔려 있다. 아테네 사회는 시민들이 지속적으로 기술과 지식을 습득하고 자신의 재능을 개발할 수 있는 평등한 기회를 제공했다. 아테네 시민들이 공동체에 헌신할 의무가 있는 것처럼 공동체 역시 구성원들에게 잠재력을 실현할 수 있는 기회를 제공할 의무가 있는 것이다. 아테네 사회는 구성원들에게 풍부한 기회를 제공함으로써 개인적 차원에서 사회적 문제들을 해결할 수 있다는 사실을 이미 알고 있었던 것이다.

얼핏 보면 아테네의 도덕적 상호주의는 오늘날 기업의 '고용계약'과 비슷해 보인다. 오늘날 기업들은 직원들에게 능력을 개발하고 경력을 쌓을 수 있는 최고의 업무 환경을 제공하겠다고 약속하고 있다. 또한 직원들은 자신의 능력을 최대한 발휘하여 회사의 발전에 기여하겠다고 약속하고 있다. 그러나 오늘날의 고용계약과 아테네의 도덕적 상호주의에는 중요한 차이점이 두 가지 있다. 첫째, 고용계약은 직원들의 장기적 소속감을 이끌어 내지 못하고 있다. 오늘날의 고용계약은 오히려 직원들이 조만간 다른 회사로 옮길 것이라는 사실을 전제로 하고 있는 듯하다. 이러한 측면에서 고용계약은 이해관계가 전혀 다른 기업과 직원들 사이에 이루어지는 단기적 거래에 불과하다.

반면 아테네 공동체는 구성원들을 쉽게 '추방'하지 않으며 시민들 역시 특별한 사유가 아니면 아테네를 떠나지 않았다. 물론 향후 글로벌 비즈니스가 장기고용의 형태로 돌아갈 수 있을지, 혹은 반드시 돌아가야만 하는지에 대한 문제는 아직 더 지켜보아야 할 사안이다. 그렇지만 고용계약이 지금보다 더 장기적 형태로 이루어진다면 기업과 직원들은 모두 풍부하고 생산적 기회를 더 많이 누릴 수 있을 것이다.

고용계약과 도덕적 상호주의의 두 번째 차이점은 다소 애매하긴 하지만 더욱 중요한 의미를 담고 있다. 도덕적 상호주의에서는 개인과 공동체가 폭넓은 차원에서 관계를 맺고 있는 반면 고용계약에서는 노동을 제공하고 임금을 받는 단순한 거래 관계만이 존재하고 있다. 직원들은 기업의 운명을 결정하는 중요한 의사결정 과정에 참여하지 못하고 동료들끼리 믿음과 신뢰를 나누지 못하고 있으며 자신의 아이디어와 노력을 통해 사업을 성공적으로 이끌어 가겠다고 하는 목표가 결여되어 있다. 이로 인해 기업은 천편일률적 교육 프로그램을 제공하고 직원들은 아무런 관심 없이 업무를 선택하는 형태로 고용계약이 이루어지고 있다. 이러한 고용계약은 직원들에게 특별한 동기부여를 전혀 제공하지 못하고 있다.

사회적 실천

지금까지 우리는 아테네 민주주의 구조와 가치를 통해 시민권의 개념을 개략적으로 살펴보았다. 하지만 시민사회가 제대로 기능을 하기 위해서는 일상적 차원에서 구성원들의 사회적 실천이 뒷받침되어야 한다. 개인의 사회적 실천이 없다면 아무리 뛰어난 민주주의 시스템이라도 관료주의나 매너리즘, 그리고 이기주의와 함께 금방 타락하고 말 것이다. 여기서 사회적 실천이란 조직 내 여러 가지 기능들이 작동하는 방식을 말하며 이는 조직문화로 이어지게 된다. 아테네 사람들에게 사회적 실천이란 단지 '권리를 행사하는' 것만이 아니라 '시민의식을 배우는' 교육의 장이기도 하다. 아테네 시민들은 회의, 집회, 재판과 같은 사회적 실천을 통해 상호 교류를 넓혀가고 민주주의 시스템을 끊임없이 개선해 나갈 수 있었다.

아테네 민주주의의 원동력이라고 할 수 있는 사회적 실천은 다음과 같이 구분해 볼 수 있다. 하지만 각각의 사회적 실천들은 아테네 사회 구조와 가치체계를 구성하는 요소로 보아야 한다. 즉 구조적 관점으로 파악해야 한다.

- **접근적 실천(practices of access)**

  아테네 시민들은 모두 정치에 참여할 수 있는 자유롭고 평등한 기회를 갖고 있었다. 시민들은 의사결정을 내리고 이를 실행에 옮기는 과정에 자발적으로 참여하였다. 그리고 다양한 토론은 물론 지역적, 국가적 차원의 공공 업무에 참여함으로써 지식과 기술을 공유하고 있었다. 순환적 방식으로 공직을 맡았기 때문에 모든 시민에게는 평등한 정치 참여 기회가 주어졌다. 그리고 이러한 제도는 역동적 정치문화에 큰 역할을 했다. 시민들은 공무원의 자격으로 공공 업무를 처리하였으며 지도자가 되어 시민들을 직접 이끌기 보기도 하였다.

- **절차적 실천(practices of process)**

  토론으로부터 의사결정과 실행에 이르기까지 모든 사회적 업무를 일관적으로 공정하고 신속하게 추진하기 위해서는 업무를 처리하는 절차가 중요하다. 오늘날 정당제도와 마찬가지로 아테네 시민들 역시 의사결정을 내리고 재판을 하는 과정에서 상호 신뢰를 바탕으로 합의를 이루기 위해 노력을 기울였다. 자신의 의견을 자유롭게 말하고 다른 사람의 의견을 지지하는 방식으로 행정적, 사법적 업무들을 투명하게 처리했다. 하지만 재빨리 결론을 내리고 즉각 실행에 옮기는 신속함의 과제 또한 잊지 않았다. 논의를 통해 신속하게 결론을 도출하는 절차적 중요성에 대해서도 잘 알고 있었다. 그리고 일단 합의가 이루어진 사안에 대해서는 자신의 견해와는 상관없이 실행에 옮기는 과정에 적극 동참해야 한다는 사회적 공감대도 형성되어 있었다.

- **결과적 실천(practices of consequence)**

  일반적 관료주의 조직처럼 회의가 끝난 뒤 흐지부지 잊어버리는 것과는 달리, 아테네 시민들은 실질적이면서 분명한 결과를 얻을 때까지 관심을 거두지 않았다. 그리고 최선의 결과를 만들어 내기 위해 지속적으로 힘을 쏟았다. 참여자들의 지위나 특권, 선입견이 아니라 효율적 토론을 통해 최선의 결정을 내리기 위해 노력했다. 아테네 시민들은 책임감이라고 하는 또 하나의 소중한 가치를 공유하고 있었다. 책임감을 바탕으로 그들은 의사결정을 내리고 실천에 동참함으로써 그 결정을 따르고 다른 사람들의 평가를 겸허하게 받아들임으로써 시민사회의 질서를 존중했다. 동시에 집행 과정에서 드러나는 문제점들을 감시하는 역할도 수행했다. 잘못된 정책과 결정에 대해서는 이의를 제기하고 공동체와 개인을 위협하는 행동에 대해서는 즉각 나서서 시정을 했다.

모든 결정 및 집행 과정은 관할권을 가진 최상위 기관의 감독을 받았다. 감독기관은 시기와 장소에 따라 적합한 시민들이 합의를 이룰 수 있도록 지원하였다. 자신이 관련된 사안에 대해서 아테네 시민들은 특히 잘 알고 있었으며 직접 연관된 사람들이 논의에 참여해야 한다는 사실에 공감하고 있었다. 그렇기 때문에 기술적 문제는 해당 전문가에게 일임을 하였다. 예를 들어 전쟁 전략의 수립은 군사령관들의 몫이었다. 하지만 세금 징수나 선전포고와 같은 국가적 중대 사안은 사회 전반적 논의를 통해서만 결정을 내렸다. 축제 일정을 정하고 이웃 간의 분쟁을 조정하는 것과 같이 비교적 사소한 일들은 지역 차원에서 이루어졌다. 한편 아테네인들은 토론과 합의에 대한 권리를 매우 신성시하였기 때문에 외국인에게 시민권을 부여하는 문제에는 모든 시민이 참여할 수 있었다.

사회적 구조, 가치, 실천의 상호 작용을 기반으로 아테네 시민들은 개인적 이익을 자유롭게 추구할 수 있었다. 그리고 동시에 자율적 정치 시스템을 바탕으로 공공의 이익 또한 열정적으로 추구하는 모습을 보였다. 아테네인들의 이러한 '통합적(both/and)' 사고방식은 최근 들어 짐 콜린스(Jim Collins)를 비롯한 많은 경영 전문가들에 의해 주목을 받고 있다. 그들은 아테네인들의 통합적 사고방식을 통해 기업과 직원들의 긴장을 완화시키기 위한 연구를 하고 있다. 아테네 정치가 페리클레스(Pericles)는 아테네 시민들을 '보기 드문 품위를 지닌 다재다능한' '권리와 인격의 주체'라고 묘사하였다. 이 말은 바로 통합적 사고방식의 핵심을 표현하고 있다. 또한 그는 국가와 사회 시스템을 기반으로 아테네 시민들은 거대하고 강력한 공동체 문화를 구축했다고 말하고 있다.

페리클레스가 아테네를 "그리스 국가들의 학교"라고 말한 것처럼 아테네는 다른 국가들의 선망의 대상이자 공포의 대상이었다. 당시 아테네의 경쟁 국가에 살던 한 사람은 아테네의 시민의식과 놀라운 업적에 대해 이렇게 칭송하였다. "아테네 사람들은 공동체를 위해 일하는 손과 발이 따로 있는 것 같다. 그들은 사회적 임무를 달성하기 위해 끊임없이 자기계발을 하고 있다. … 자신들이 원하는 것들을 즉시 실천에 옮길 수 있는 사람은 아테네인밖에 없는 것 같다. 일단 결정을 내리면 그들은 곧바로 실행에 착수한다. …그리고 성공적으로 목표를 달성했다고 하더라도 결코 자만하지 않고 다음 과제에 대한 연구를 시작한다."

지식경제 시대에 필요한 아테네 시스템

물론 아테네 민주주의는 한 가지 모델에 불과하다. 오늘날 기업들이 무작정 따라할 수 있는 완전한 해결책이 아니다. 그러나 고착화된 관료 조직에 의지하지 않고서도 존경과 신뢰의 분위기 속에서 구성원 모두 스스로 조직을 관리할 수 있다는 가능성을 확인시켜주고 있다는 점에서 아테네 민주주의 시스템의 의미가 있다. 그리고 더욱더 중요한 사실은 민주주의를 실현하기 위해 일관적이고 자율적 시스템을 바탕으로 사회적 구조와 가치, 그리고 실천을 하나로 묶어야 한다는 사실을 보여주고 있다는 점이다. 단지 사회적 의사결정 방식과 그 절차를 구축한다고 해서 문제가 해결되는 것은 아니다. 단지 겉모습에 불과한 노력은 오히려 직원들의 비웃음만 사게 될 것이다. 아테네의 시민사회와 같은 조직을 구축하고 관리하기 위해서는 조직과 기업문화에서 실질적 변화를 가지고 와야 한다.

오늘날 직장인들은 민주주의의 기본 가치와 구조를 잘 알고 있다. 그리고 자율적 조직 문화든, 합의를 통해 결론을 내리는 형태든, 또는 리더십을 공유하는 방식이든, 대부분 사회생활을 통해 공동체 문화를 경험하고 있다. 그렇기 때문에 민주적 조직을 구축하려는 노력은 직원들의 삶과도 직결된 것이다. 여기서 우리는 기업문화의 신속한 개선과 이와 관련된 다양하고 복잡한 과제에 대해 다루어 보고 있다. 오늘날 가장 분명하게 확인할 수 있는 몇 가지 현상에 대해 한번 생각해 보자. 기술 발전, 인구 이동, 세계화의 흐름으로 인해 인적자원은 더욱더 넓은 지역으로 퍼져 있으며 고용 안전의 수준과 조직에 대한 소속감은 크게 위축되었다. 반면 노동시장의 개방성은 크게 높아졌다. 또한 기업들이 점차 프리랜서와 계약직, 임시직의 비중을 늘리면서 '직원'의 개념 역시 애매해졌다.

오늘날 기업들은 '시민권'의 개념에 대해 생각해 볼 필요가 있다. 조직 내에서 체계적 시민권 제도를 구축하면 기업에 어떠한 이득이 있을까? 그리고 어떠한 권리와 의무를 부여해야 할까? 권리와 책임을 최소화하는 제한된 형태의 시민권 제도를 실시해야 할까? 아니면 계약이나 제휴를 맺은 다른 기업의 구성원에게까지 시민권을 확대해야 할까? 어떤 종류의 시민권을 정하고 관리해야 할까? 소유권과 같은 다양한 권리들은 어떻게 배분해야 할 것인가? 이 질문들에 대해 이제 기업들은 규모, 환경, 목표에 따라 자신만의 해답을 찾아보아야 할 것이다.

여기서 한 가지 분명한 점은 시민권은 결코 상부에서 하부로 내려오는 것이 아니라는 사실이다. 시민권 체계는 개개인의 생각과 행동으로부터 나와야 한다. 그렇기 때문에 민주적 조직을 구축하기 위해서는 오랜 기간이 필요하다. 그리고 수많은 시도와 성공, 그리고 실패가 필요한 법이다. 아테네의 탁월한 지도자들이 민주주의 구축 과정에 큰 기여를 했던 것처럼 오늘날 경영자들 역시 근본적 목표와 가치를 실현하기 위한 많은 노력을 기울여야 한다. 그리고 시민의식이 성숙한 이후에는 지도자로서의 권한을 다른 사람에게 넘겨줄 수 있는 아량도 가져야 한다. 이러한 절차는 끊임없이 반복되어야 하며 그 과정에서 민주주의 시스템을 계속적으로 개선해 나가야 한다.

페리클레스는 아테네인들에게 이렇게 말했다. "우리가 이룩한 것에 대해 우리들 스스로 놀라고 있다. 그리고 우리의 후손들 역시 놀라게 될 것이다." 2000년이 지난 지금, 페리클레스의 말이 사실로 드러나고 있다. 그러나 단지 놀라워하는 것만으로 부족하다. 아테네 시스템에서 많은 것을 이끌어 내야만 한다.

8

신입사원을 키워주는 피그말리온 효과

스털링 리빙스턴
J. Sterling Livingston

요약 | 신입사원을 키워주는 피그말리온 효과

수많은 교사, 의사, 행동주의자들의 연구결과를 통해 우리는 경영관리에 관한 진리를 발견할 수 있다. 즉 한 사람에 대한 기대가 바로 그 사람의 행동을 결정한다는 사실이다. 바꿔 말하자면 직원들에 대한 관리자의 기대가 높을수록 직원들의 성과도 높다는 것이다.

상사의 기대가 개인과 부서의 성과에 미치는 영향력을 분석하기 위해 리빙스턴은 1969년부터 시작하여 수많은 사례와 연구 자료를 『하버드 비즈니스 리뷰』를 통해 발표했다. 우선 한 보험회사의 사례를 살펴보자. 이 보험회사는 유능한 관리자들을 실적이 우수한 대리점에 배치하는 시도를 했다. 어쩌면 당연한 일이지만 그 대리점들은 높은 목표를 가뿐히 초과 달성하였다. 반대로 실적이 좋지 못한 관리자들은 성적이 낮은 대리점에 배치하였다. 그리고 이들 대리점의 실적은 더 하락한 것으로 나타났다. 그렇다면 실적이 중간인 관리자들을 평균적 대리점에 배치한 경우는 어땠을까? 놀랍게도 이들 대리점의 실적 증가율은 상위 대리점들을 앞지른 것으로 드러났다. 그 이유는 중간 실적의 관리자들은 자기 자신과 자신이 맡은 대리점들의 역량이 상위 그룹에 비해 낮다는 사실을 받아들이려고 하지 않았기 때문이라고 생각된다.

중간 실적 팀을 맡은 관리자들은 설계사들에게 그들이 우수한 설계사들보다 더 큰 발전 가능성을 갖고 있으며 영업에 대한 경험만 쌓으면 얼마든지 승리할 수 있다는 확신을 불어넣어 주었다. 그 결과, 물론 절대적 실적에는 못 미쳤지만 성장세는 우수한 팀들보다 더 높은 것으로 나타났다.

기업에서는 입사 후 1년 동안 신입사원에 대한 조직의 기대가 대부분 형성되기 때문에 관리자는 이 시기에 각별한 신경을 써야 한다. 그리고 기대 수준이 어느 정도 형성되고 나서 유능한 관리자들이 다시 이들을 맡아야 한다. 그리고 마지막으로 관리자 스스로 자신에 대한 기대를 높이는 것 또한 매우 중요하다.

신입사원을 키워주는 피그말리온 효과

개인의 기대가 타인의 행동에 미치는 영향

부모들은 교사들의 기대가 자녀들에게 자기실현 예언(self-fulfilling prophecy) 역할을 한다는 사실을 잘 알고 있다. 교사가 어떤 학생에 대해 학업 능력이 부진하다고 판단하는 경우, 학생 역시 자신이 그렇다고 믿게 되며 이로 인해 성적은 실제로 떨어진다. 반면 선생님으로부터 똑똑하다고 칭찬을 들은 운 좋은 학생은 그 기대에 부응하기 위해 더욱더 열심히 노력한다. 이러한 현상은 사회 곳곳에서 쉽게 발견할 수 있기 때문에 누구나 쉽게 공감할 수 있을 것이라고 생각한다.

연구결과에 따르면 자기실현 예언의 효과는 초등학교에서뿐만이 아니라 기업의 사무실에서도 나타난다고 한다. 관리자가 부서 직원들을 유능하다고 생각하는 경우, 실제 그렇지 않다고 하더라도 다른 부서에 비해 더 높은 성과를 올리게 된다는 것이다.

리빙스턴은 1969년에 쓴 이 글 제목을, 자신이 직접 조각한 여인에 생명을 불어넣었다는 신화 속의 조각가 피그말리온(Pygmalion)의 이름을 따서 붙였다. 이는 또한 긍정적이든 부정적이든 간에 한 사람에 대한 기대가 가진 변화의 힘을 피그말리온이라고 하는 희곡 작품에서 보여주었던 버나드 쇼에 대한 존경의 표현이기도 하다. 리빙스턴 역시 긍정적 기대를 유지하는 것은 결코 쉽지 않다는 사실을 잘 알고 있기 때문에 이 글을 통해 기업의 관리자들을 위한 실용적 조언을 제시해주고 있다.

기업에서는 입사 후 1년 동안 신입사원에 대한 조직의 기대가 대부분 형성되기 때문에 관리자는 이 시기에 각별한 신경을 써야 한다. 그리고 기대 수준이 어느 정도 형성되고 나서 유능한 관리자들이 다시 이들을 맡아야 한다. 그리고 마지막으로 관리자 스스로 자신에 대한 기대를 높이는 것 또한 매우 중요하다.

버나드 쇼의 희곡 피그말리온에 나오는 엘라이자 둘리틀(Eliza Doolittle)은 이렇게 말한다. "당신도 알다시피, 옷을 입거나 말을 하는 것과 같이 누구나 쉽게 인식할 수 있는 습관들을 제외하고 실제로 그리고 진실로 숙녀와 소녀를 구분하는 기준은 그녀의 행동 방식이 아니라 그녀를 대하는 다른 사람들의 태도랍니다. 히긴스 교수는 언제나 저를 소녀로만 생각하고 있고 앞으로도 그럴 것이기 때문에 그에게 저는 언제나 소녀로 남아 있을 거예요. 하지만 당신은 다르죠. 당신은 언제나 저를 숙녀로 바라보고 있고 앞으로도 그럴 것이라는 것을 알기 때문에 당신 앞에선 숙녀가 될 수 있는 거랍니다."

유능한 관리자들은 직원들이 좋은 성과를 올릴 수 있도록 그들을 대우한다. 그러나 히긴즈 교수와 같은 대부분의 관리자들은 비록 고의는 아니라고 하더라도 직원들의 성과를 악화시키는 형태로 직원들을 대한다. 관리자가 직원들을 대하는 태도는 관리자가 직원들에 대해 가지고 있는 기대로부터 형성된다. 관리자의 기대 수준이 높으면 직원들의 실적이 향상될 가능성도 높다. 반대로 기대 수준이 낮다면 실적이 하락할 가능성이 커지게 되는 것이다. 다시 말해 관리자의 기대 수준에 따라 직원들의 성과가 달라지는 법칙이 존재하는 것이다.

의사나 행동주의자들은 오랜 시간에 걸쳐 사람에 대한 기대가 그 사람의 행동에 미치는 영향력에 대해 관찰을 해 왔다. 최근 들어 교사들도 이러한 사실을 증명하고 있다.

하지만 직원 및 부서의 성과에 관리자의 기대가 미치는 영향력에 대해서는 아직까지 잘 알려져 있지 않다. 나는 여기서 10년 동안 주요 산업 분야에 걸쳐 나타난 수많은 사례들을 통해 이러한 현상들을 정리해 보고자 한다. 기업 사례와 다양한 연구 조사들을 통해 나는 다음과 같은 결론에 이르렀다.

- 직원들에 대한 관리자의 기대와 태도는 직원들의 성과와 업무 처리에 전반적 영향을 미친다.
- 유능한 관리자의 자질은 직원들이 성취할 수 있는 높은 성과를 향한 기대를 만들어 내는 능력에 달려 있다.
- 무능한 관리자들은 이러한 기대를 만들지 못한다. 그 결과 직원들의 효율성은 떨어진다.
- 직원들은 다른 사람들이 자신에 대해 갖고 있는 기대에 맞게 행동하려는 경향을 보인다.

기대와 생산성의 상관관계

관리자의 기대가 직원들의 실적에 영향을 미친다는 사실을 보여주는 대표적 사례로 메트로폴리탄 생명보험(Metropolitan Life Insurance Company)의 록웨이(Rockaway) 지역을 총괄하고 있던 알프레드 오버랜더(Alfred Oberlander)가 1961년 실시한 실험을 들 수 있다.

오버랜더는 실적이 좋은 대리점들은 보통 또는 그 이하의 대리점들보다 더 빠른 속도로 성장을 하며 신입 설계사들은 영업 적성 점수와는 상관없이 실적이 좋은 대리점에서 근무할 때 더 좋은 성과를 낸다는 사실을 발견했다. 그래서 실적이 우수한 설계사들을 한 팀으로 묶어 서로에 대한 성과를 자극하고 새로운 설계사들을 훈련시키기 위한 진취적 환경을 조성하는 실험을 했다.

그는 우선 실적이 좋은 설계사들을 6명씩 한 팀으로 묶고 각 팀에 우수 관리자를 1명씩 배치하였다. 마찬가지로 실적이 중간인 설계사들도 6명씩 한 팀으로 묶고 평균 성적의 관리자를 배치했다. 마지막으로 실적이 낮은 설계사들을 6명씩 묶어서 역량이 다소 부족한 관리자들을 배치했다. 한편 상위 그룹에게는 전년도 대리점 매출의 2/3에 해당하는 목표를 부여했다. 오버랜더는 실험 결과에 대해 이렇게 말하고 있다.

"팀 구성이 마무리되자 설계사들은 목표를 함께 달성한다는 차원에서 각 팀들을 '슈퍼스태프(superstaff)'라고 불렀습니다. 12주 동안의 성과만 보더라도 이미 예상치를 이미 앞질렀다는 사실을 알 수 있습니다.… 물론 실적이 좋지 않은 팀의 실적은 떨어졌지만 상위 설계사 팀들은 기존 실적을 훨씬 초과하였으며 더욱 강력한 동기를 느끼고 있다는 사실을 보여주고 있습니다."

"긍정적 효과 덕분에 우리 대리점 실적은 전체적으로 40%나 성장했으며 그 추세는 아직까지도 유지되고 있습니다."

"1962년 초, 사업 확장 과정에서 관리자들을 새로 채용했으며 그 과정에서 이와 같은 시도를 한 번 더 해보았습니다. 즉 관리자들의 역량을 기준으로 다시 설계사들을 배치했죠."

"새로운 관리자들을 채용하고…그들의 업무 역량을 기준으로 설계사들을 배치함으로써 우리는 다시 한 번 높은 성과를 기록했습니다. 대리점 전체 실적은 25~30% 정도 성장했습니다. 이러한 조직 형태는 올해 말까지 계속되고 있습니다."

"1963년도에 들어서면서 저는 50만 달러 이상 실적을 올릴 수 있는 잠재력을 가진 설계사들이 많이 있다는 사실을 발견했습니다. 그래서 이러한 잠재력을 가진 설계사들이 하나도 없는 대리점에는 한 명의 관리자만을 남겨두었습니다."

이러한 조직 변화로 유능한 관리자들이 담당한 팀들의 실적은 크게 올랐다. 하지만 하위 그룹에 속한 관리자들, 즉 '50만 달러 실적을 달성할 가능성이 없는' 설계사들을 담당했던 관리자들의 실적은 크게 악화되었으며 그 관리자들 사이에서는 이직률이 크게 높아졌다는 사실에 주목할 필요가 있다. 우수한 설계사들의 실적은 더욱 높아져서 담당 관리자들의 기대를 충족시켰지만 예상했던 대로 실적이 나쁜 설계사들의 매출은 더욱 악화되었다.

자기실현 예언

그런데 여기서 놀라운 일은 중간 실적 팀(average unit)에서 일어났다. 나는 실적이 중간 정도인 설계사들을 담당한 관리자들은 평균적 실적을 보여줄 것으로 예상했다. 하지만 실제로 그들의 성과는 크게 성장한 것으로 드러났다. 그 이유는 중간 실적의 관리자들은 자기 자신과 자신이 맡은 팀의 역량이 상위 그룹에 비해 낮다는 사실을 받아들이려고 하지 않았기 때문이라고 생각된다. 중간 실적 팀을 맡은 관리자들은 설계사들에게 그들이 우수한 설계사들보다 더 큰 발전 가능성을 갖고 있으며 영업에 대한 경험만 쌓으면 얼마든지 승리할 수 있다는 확신을 불어넣어 주었다. 이 팀을 맡은 관리자들은 설계사들에게 얼마든지 우수한 팀들의 실적을 뛰어넘을 수 있다는 도전의식을 강조했다. 그 결과, 물론 절대적 실적에는 못 미쳤지만 성장세는 우수한 팀들보다 더 높은 것으로 나타났다.

중간 실적 팀들을 담당했던 관리자들은 자아상을 지키기 위해 조직으로부터 그저 그런 관리자로서 대우받고 있다는 사실을 결코 인정하려 들지 않았다. 마치 엘라이자 둘리틀이 숙녀로서의 자아상을 고집했기 때문에 다른 사람들이 자신을 소녀로 여기는 태도를 거부했던 것과 마찬가지라고 볼 수 있다. 중간 실적의 팀을 맡은 관리자들은 자신의 역량에 대한 자신감을 설계사들에게 강조했으며 이를 통해 목표달성에 대한 공감대를 이끌어 냈고 설계사들 자신의 무한한 성장 가능성을 인식시켜 주었다. 우리는 다른 기업에서도 이와 동일한 실험을 실시하여 비교가 가능한 자료들을 얻을 수 있었다.

그리고 그 밖에 다른 연구결과로부터 이와 관련된 자료들을 얻었다. 매사추세츠 테크놀로지 인스티튜트의 데이비드 벌류(David E. Berlew)와 더글라스 홀(Douglas T. Hall)은 AT&T에서 근무하는 관리자 49명을 대상으로 입사 후 업무 실적을 분석해 보았다. 그들은 5년간의 자료를 바탕으로 대상 관리자들의 임금 상승폭, 그리고 개인적 성과와 잠재력에 대한 기업의 평가를 기준으로 상대적 점수를 매겨보았다. 그리고 그 결과 관리자들의 업무 실적은 조직의 기대에 크게 영향을 받았다는 사실을 밝혀냈다.

특정한 사람에 대한 기대가 그 사람의 행동에 큰 영향을 미친다는 사실은 사실 비즈니스 분야에서 처음으로 밝혀진 것이 아니다. 50년전, 알버트 몰(Albert Moll)은 임상 경험을 통해 사람들은 다른 사람들의 기대에 따라 행동하는 경향이 있다는 사실을 증명했다. 그리고 "예언이 실현을 가져온다."라고 하는 그의 연구결과는 최근 과학적 주제로서 학계의 상당한 관심을 받고 있다. 예를 들면 다음과 같은 것이다.

- 하버드 대학의 로버트 로젠탈(Robert Rosenthal)은 여러 가지 과학 실험을 통해 "학생의 학습 능력에 대한 교사의 기대는 교육적 차원에서 학생의 자아실현을 위한 예언의 역할을 한다."는 것을 보여주고 있다.
- 미국 하계 헤드스타트(Headstart) 프로그램에 등록한 60명의 유아들을 2개의 실험집단, 즉 선생님으로부터 학습 능력이 낮다고 판단되는 학생집단과 학습 능력과 지적 능력이 탁월하다고 판단되는 집단으로 구분하여 그들의 학업 성과를 비교한 실험 연구가 있었다. 연구결과 두 번째 그룹 학생들의 학업 성과가 첫 번째 그룹의 학업 성과보다 월등히 높았다는 사실을 발견하였다.[1]

게다가 임상 전문가들은 내과 혹은 정신과 의사들의 기대가 환자의 육체적, 정신적 건강에 엄청난 영향을 미친다는 사실을 오랜 시간에 걸쳐 관찰해 오고 있다. 특히 의사와 환자가 동일한 기대를 갖고 있는 경우, 그 효과는 더욱더 크게 나타난다고 한다. 의사가 비관적 진단을 내림으로써 환자에게 치명적 영향을 주는 사례는 주변에서 쉽게 찾아볼 수 있다. 반면 플라시보 효과(placebo effect)라고 하는 것처럼 새로운 약과 새로운 치료법의 효능에 대해 의사가 긍정적 기대를 보이는 경우, 환자의 상태가 놀라울 정도로 호전되는 사례들도 많이 있다.

실패의 유형

메트로폴리탄 록웨이 지역의 상위 설계사 팀 사례와 마찬가지로 관리자가 영업사원들을 최고의 직원으로 대우할 때, 그 직원들은 상사의 기대에 부응하기 위해 최선을 다하고 영업사원으로서 해야 할 책임을 완수하기 위해 노력을 아끼지 않는다. 하지만 하위 팀의 경우에서처럼 관리자가 직원들의 능력을 무시하는 부정적 기대 역시 똑같이 자기실현 예언으로 작용한다.

실적이 좋지 못한 영업사원들은 자아상과 자신감의 상실로 많은 어려움을 겪게 된다. 상사의 낮은 기대에 대해 자칫 더 큰 실패로 이어질 수 있는 상황을 사전에 회피함으로써 자아에 상처를 입을 수 있는 위험을 줄이는 방식으로 대처를 한다. 예를 들어 신규 고객 업체에 대한 방문 횟수를 줄이거나 또는 실패가 예상되는 계약은 시도조차 하지 않으려고 한다. 이처럼 관리자의 낮은 기대와 직원들의 상처받은 자아는 그들을 실패 가능성이 더 높은 쪽으로 몰아가게 된다. 결국 관리자의 기대가 그대로 실현되는 셈이다. 예를 한 번 들어보자.

얼마 전 나는 웨스트코스트(West Coast) 은행의 500개가 넘는 지점을 대상으로 관리자들의 업무 실적을 분석하였다. 당시는 웨스트코스트의 손실이 증가하고 있는 상황이었으며 이로 인해 지점장들의 대출 권한은 큰 폭으로 감소하였으며 전반적 성과 또한 낮아진 상황이었다. 지점 관리자들은 자신의 권한이 위축되는 것을 막기 위해 '안전한' 대출에만 관심을 돌렸다. 하지만 이로 인해 점차 경쟁 은행들에 뒤처지게 되었으며 예금과 수익 모두 감소하였다. 이러한 상황이 지속되면서 지점장들은 예금과 수익을 이전 수준으로 회복하기 위해 다시 대출을 '확대' 하기 시작했다. 그리고 신용 상태가 불량한 고객에게까지 대출을 허용하는 비합리적 방향으로 나아가기 시작했다. 지점장들은 더 이상 권한이 위축되고 자아에 상처 입을 일을 겪지 않기 위해 위험을 무릅쓴 비합리적 선택을 밀어붙이고 있었던 것이다.

본사는 지점장들의 권한을 축소함으로써 그들에 대한 기대 수준을 낮추었다는 사실을 드러냈고 이에 대해 지점장들은 위험을 감수하는 형태로 대처를 하였던 것이다. 우리는 이 사례에서 지점장들의 행동 역시 본사의 기대에 따라 변하고 있음을 확인할 수 있다. 여기서도 본사의 기대는 자기실현의 예언으로 기능하고 있는 셈이다.

기대가 가진 힘

관리자들이 단지 자신의 생각을 숨기려고 노력한다고 해서 자신의 기대가 몰고 올 파괴적 악순환의 고리를 끊을 수 없다. 관리자가 직원들의 역량이 부족하다고 느끼는 경우, 사실상 자신의 낮은 기대 수준을 숨기는 일은 불가능하다. 기대가 전달하는 메시지는 대개 무의식적 차원에서 전달되기 때문에 적극적이고 의식적 행동이 없어도 파괴적 영향은 나타나기 마련이다.

관리자들은 대부분 자신이 필요하다고 생각하는 경우 직원들과 의사소통을 시도한다. 반대로 냉담한 태도를 보이거나 아무런 말도 하지 않는 경우, 이는 대부분 직원들 때문에 기분이 나빠졌거나 아무런 희망이 보이지 않는다는 표현이다. 관리자의 침묵은 직원들에게 더욱 강한 부정적 느낌을 전달한다. 직접 직원들에게 야단을 치는 것보다 더 강력한 메시지를 전해준다. 말이나 행동보다 관리자의 침묵이 자신의 낮은 기대를 드러내는 파괴적 도구가 될 수 있다. 관리자의 무관심과 침묵은 비록 그것이 아주 가끔 나타난다고 하더라도 자신의 낮은 기대 수준을 그대로 드러내고 이로 인해 낮은 성과로 이어지게 하는 가장 큰 원인이다.

흔히 나타나는 착각

관리자들은 높은 기대보다 낮은 기대 수준으로 직원들과 의사소통하는 상황에 더 익숙하다. 물론 관리자들 스스로는 결코 그렇게 생각하지 않을 것이다. 하지만 관리자들은 대부분 자신이 부정적 메시지를 전달하고 있다는 사실조차 제대로 인식하지 못하는 경우가 많다. 예를 들어 살펴보자.

- 록웨이 사례에서 하위 설계사 팀을 맡았던 관리자들은 높은 실적의 가능성이 전혀 없는 설계사들에게 기대 수준을 낮추어 대했다는 지적을 극구 부인했다. 그러나 설계사들은 분명히 그들의 메시지를 받아들이고 있었다. 하위 팀에서 근무를 하다가 일을 그만둔 설계사의 말을 들어보면 이를 확실하게 알 수 있다. 그 설계사가 일을 그만둘 무렵, 담당 관리자는 그녀에게 유감이라는 말을 전했다고 한다. 하지만 그의 말에 그 설계사는 "설마요. 제가 그만둬서 기쁘시지 않으세요?"라고 반문했다. 관리자는 사실 그 설계사에게 나쁜 말을 한 적이 한 번도 없었다. 그러나 그 설계사는 관리자의 무관심한 태도를 보고 자신에 대한 기대가 낮다는 사실을 이미 잘 알고 있었

던 것이다. 마찬가지로 실적이 나쁜 팀에 소속된 설계사들은 회사가 자신을 쫓아내려고 한다고 생각하고 있었다.

- 다른 지역의 대리점에서도 똑같은 실험이 진행되었다. 그 지역의 대리점 관리자는 설계사들을 상위, 중간, 하위 팀으로 구분했다. 하지만 그 관리자는 사실 자기 대리점에는 유능한 설계사가 한 명도 없다고 생각하고 있었다. 그는 록웨이 관리자에게 이렇게 털어놓았다. "우리 대리점의 중간 관리자나 설계사들은 모두 무능한 사람들이에요. 기껏해야 중간 정도죠." 그는 록웨이의 방식을 그대로 따라했다. 하지만 그의 기대 수준은 설계사들에게 그대로 전달되었을 것이다. 결국 그의 시도는 실패로 끝났다.

이와는 반대로 높은 기대가 직원들에게 확실하게 전달되지 않는 경우도 있다. 또다른 대리점 관리자 역시 록웨이 지역의 성과를 조직적 차원에서 따라하여 자신이 맡고 있던 조직을 상위, 중간, 하위로 구분했다. 그러나 아무런 성과를 얻지 못했다. 문제점을 확인하기 위해 록웨이 지역 관리자가 나섰다. 그는 조사를 통해 상위 팀에 소속된 설계사들이 관리자가 자신들을 우수한 설계사라고 생각하고 있다는 점을 전혀 알지 못하고 있다는 사실을 발견했다. 더욱이 그 직원은 물론 다른 설계사들 역시 관리자가 실제로 자신들의 역량에 대해 실제로 높게 평가하고 있는지 의심하고 있었다. 사실 그 관리자는 둔하고 냉담하고 감성이 메마른 여성이었다. 그녀는 모든 설계사들을 하나같이 똑같이 대하고 있었다. 그녀는 자신의 높은 기대 수준을 설계사들에게 전혀 전달하지 못했고 설계사들은 조직이 바뀐 이유와 그 의미에 대해 전혀 이해하지 못했다. 우리는 여기서 높은 기대 수준의 긍정적 효과는 조직 개편 자체가 아니라 관리자가 직원들을 대하는 태도를 통해 나타난다는 점을 분명하게 확인할 수 있다.

실현 가능한 목표

관리자들의 높은 기대는 실천에 앞서 우선 현실적 차원에서 테스트를 거쳐야 한다. 자기실현 예언 효과를 거두기 위해 관리자의 기대는 다른 목적에도 기여할 수 있을 만큼, 긍정적 생각이나 직원들에 대한 단순한 믿음보다 더욱 강력한 힘을 가지고 있어야 한다. 상사가 제시한 기대 수준이 현실적이고 불가능하다고 느끼는 경우, 직원들은 목표달성을 위한 의욕을 느끼지 못한다. 목표달성 자체가 불가능하다고 판단하면 처음부터 신경을 쓰지 않거나 원래보다 더 못한 성과를 내기도 한다. 여기서 대형 전자제품 제조기업의 사례를 살펴보자.

이 기업은 생산 목표를 너무 높게 잡는 경우 실적이 더 떨어진다는 사실을 발견했다. 근로자들이 목표를 달성하기 위한 노력을 처음부터 게을리했기 때문이었다. 다른 말로 표현하자면 '당나귀가 닿을 수 없는 곳에 당근을 매달아 두었기 때문' 이다. 하지만 여전히 많은 관리자들이 동기부여와 거리가 먼 이러한 방식을 고수하고 있다.

하버드 대학의 데이비드 맥클랜드(David C. McClelland)와 미시건 대학의 존 앳킨슨(John W. Atkinson)의 연구에 따르면 동기부여와 기대 수준의 관계는 종 모양의 곡선을 그리고 있다.[2]

성공에 대한 기대가 50% 지점에 도달할 때까지, 동기부여와 노력 또한 함께 증가하는 모습을 보인다. 하지만 50% 이후에는 기대는 증가하더라도 동기부여 점수는 하락하게 된다. 그리고 목표 자체가 애매모호하거나 달성이 불가능하다고 생각되는 경우, 동기부여와 노력은 전혀 나타나지 않게 된다.

또한 벌류 교수와 홀 교수가 지적하고 있는 것처럼 직원들의 생각과 아주 동떨어진 목표를 제시할 경우, 직원들은 개인의 목표와 성과 기준을 낮추는 경향이 있다. 이에 따라 실적은 더욱 악화되고 업무와 활동에 대한 부정적 인식은 높아지게 된다.[3] 그리고 달성이 불가능한 목표는 자발적 혹은 비자발적 형태의 높은 이직률로 이어지게 된다.

유능한 관리자의 특성

유능한 관리자들의 마음속에는 보통 관리자들이 가지고 있지 못한 무언가가 존재하고 있다. 그들은 직원들이 달성할 수 있는 높은 성과를 향한 기대를 계속해서 만들어 낼 수 있다. 하지만 무능한 관리자들은 직원들로부터 이와 같은 반응을 이끌어 내지 못한다. 그렇다면 왜 이러한 차이가 발생하게 되는 것일까?

그 이유 중 하나는 유능한 관리자들은 직원들의 재능을 개발하는 자신의 능력에 대해 다른 관리자들보다 높은 자신감을 가지고 있다는 사실에 있다. 일반적 생각과는 반대로 유능한 관리자의 기대는 직원을 뽑고 교육하고 동기를 부여하는 자신의 능력에 대한 믿음에 기반을 두고 있다. 즉 관리자 자신의 능력에 대한 인식이 직원들에 대한 믿음과 기대, 그리고 그들을 대하는 태도에 간접적 영향을 미치는 것이다. 유능한 관리자들은 목표를 향해 직원들을 격려하고 기술을 개발하도록 하는 자신의 능력에 대해 자신감을 갖고 있기 때문에 직원들에게 더 많은 기대를 하며 또한 그들이 반드시 목표를 달성할 수 있을 것이라는 확신에 찬 태도로 그들을 대한다. 하지만 자신의 능력을 믿지 못하는 관리자는 직원들에게 많은 것을 기대하지 못하며 자신감 없는 태도로 그들을 대한다.

다시 말해 유능한 관리자들은 목표 달성과 자신의 능력에 대한 확신을 기반으로 직원들에게 자신의 기대를 전달한다. 이로 인해 직원들 역시 상사가 제시한 목표가 실현 가능하다고 확신하게 되며 이를 달성하기 위해 최선을 다한다.

관리적, 교육적 차원에서 자기실현 예언에 관한 사례라고 할 수 있는 '스위니의 기적'을 살펴보면 교육 및 동기부여에서 자신의 역량에 대한 관리자의 믿음이 얼마나 중요한지를 이해할 수 있다.

제임스 스위니(James Sweeney)는 미국의 툴레인(Tulane) 대학에서 산업관리 및 정신의학 강의를 맡고 있으며 바이오 메디컬 컴퓨터 센터를 운영하고 있다. 스위니는 정식 교육을 제대로 받지 못한 사람들도 교육을 통해 얼마든지 유능한 전산실 관리자가 될 수 있다는 믿음을 갖고 있었다. 당시 컴퓨터 센터에는 전에 병원에서 잡역부로 일하던 조지 존슨(George Johnson)이라는 사람이 잡일을 도맡아 하고 있었다. 스위니는 자신의 믿음을 입증해 보이기 위해 존슨을 선택했다. 존슨이 오전에 일을 마무리 짓고 나면 스위니는 그에게 컴퓨터에 관련된 것들을 가르쳐 주었다.

존슨은 컴퓨터에 관한 엄청난 양의 공부를 했다. 하지만 한 대학 관계자는 전산실 관리자가 되기 위해서는 IQ가 어느 정도 이상이 되어야 한다는 주장을 하고 나섰다. 결국 존슨은 IQ 테스트를 받았고 그 결과는 부적격 판정이었다.

하지만 스위니는 여기에 동의하지 않았다. 존슨에게 프로그래밍과 컴퓨터 관리 기술을 중단하라고 한다면 자신도 센터 일을 그만두겠다고 맞섰다. 결국 승리를 거둔 쪽은 스위니였고 아직까지도 센터 업무를 담당하고 있다. 그리고 존슨은 마침내 주요 전산실들을 관리하는 임무를 맡게 되었고 현재 신입사원들을 대상으로 한 프로그래밍과 컴퓨터 제어에 관한 교육까지 담당하고 있다.[4]

스위니의 기대는 존슨의 학습 능력이 아니라 자신의 교육 능력에 대한 믿음에 기반을 두고 있다. 직원들에게 교육의 기회와 동기부여를 할 수 있는 자신의 능력에 대한 믿음은 높은 목표를 실현하게 한 원동력이 되었던 것이다.

입사 초년 시절이 미래 성과를 결정한다

관리자들의 기대 수준은 특히 젊은 직원들에게 마법과 같은 효력을 발휘한다. 직원들이 성장하고 경험을 쌓아 나가면서 자아상은 점차 고착화되어가고 자기 스스로를 과거의 경력에 따라 정의하게 된다. 그리고 자신의 이상과 상사들의 기대는 과거 성과들이 드러내고 있는 '진실'에 제한을 받는다. 그래서 어느 날 갑자기 놀라운 성과를 세우지 않는 이상, 직원들 자신과 관리자들이 서로 공감할 수 있는 한도 내에서 기대 수준을 높이려는 시도는 점차 힘들어진다.

이러한 현상은 학교에서도 종종 일어난다. 로젠탈 교수는 교육적 자기실현 예언에 관한 실험을 통해 교사들의 기대가 고학년보다 저학년 학생들의 지능발달에 더 많은 영향을 미친다는 사실을 일관적으로 설명하고 있다. 저학년, 특히 1, 2학년 학생들의 경우, 교사의 기대는 엄청난 영향력을 발휘한다. 그리고 고학년으로 갈수록, 학생들의 지적 성장에 대한 영향력은 감소한다. 물론 동기부여와 학습 태도에는 고학년에게도 동일한 영향을 미친다. 기대의 영향력이 감소하는 이유에 대해서는 아직 정확하게 밝혀지지는 않았지만 어린 학생들일수록 외부 영향에 더 민감하며 자신의 능력에 대해 보다 유연한 인식을 갖고 있고 또한 학교로부터 받는 평가가 아직 정형화되지 않았기 때문이라고 생각된다. 학생들은 성장하면서 특히 성적에 기반을 둔 고정된 '궤도'에 들어서기 시작한다. 이

때부터 학생들 자신의 학습 능력에 대한 인식과 교사의 기대 수준은 점차 고착화되고 외부의 영향에 대한 변화의 폭이 줄어들게 된다. 이러한 현상은 특히 공립학교에서 두드러지게 나타나고 있다.

미래 성과의 핵심 열쇠

기업에서도 관리자들의 기대가 강한 영향을 주는 입사 초기의 시기가 신입사원의 향후 성과 및 업무적 성공에 결정적 영향을 미친다.

벌류 교수와 홀 교수는 AT&T 사례에서 직원에 대한 조직의 기대 수준과 향후 5년간 그 직원이 조직에 기여하는 정도는 "너무나 밀접한 관계가 있기 때문에 결코 간과해서는 안 되는"[5] 것이라고 결론을 내리고 있다.

두 사람은 또 다른 실험에서 AT&T의 매니지먼트 트레이니 프로그램(Management Trainee Program, 유능한 인재를 선발한 뒤 집중적 업무 훈련을 실시하여 핵심 관리자로 양성하는 인사관리 프로그램– 옮긴이)을 통해 입사한 18명의 대학 졸업생들의 업무 실적을 분석하였다. 그리고 입사 후 1년 동안의 기대 수준 및 성과가 향후에 나타나는 성과 및 성공과 비례한다는 사실을 발견했다.

벌류와 홀은 이렇게 결론을 내리고 있다. "중요한 것은 첫 해에 모두 일어난다.… 가장 중요한 처음 일 년 동안 조직의 높은 기대에 부응하려는 노력을 통해 긍정적 업무 태도와 높은 이상이 마음속에 자리 잡게 된다. 그리고 이렇게 구축된 업무 태도와 이상은 향후 높은 성과와 성공으로 이어지며 또한 이렇게 이룬 성공으로 직원의 업무 태도와 이상은 더욱 강화된다. 높은 기대에 부응한 신입사원에게는 기대가 더 높은 업무가 주어지고 점차 높아지는 조직의 기대 수준에 따라 그 직원이 기여하는 범위도 넓어진다고 할 수 있다. 그 열쇠는… 특히 신입사원들이 발전하고 변화할 수 있는, 그리고 조직의 기대에 따라 성장해 나갈 수 있는 가장 중요한 기간인 첫 일 년에 달려 있다."[6]

가장 지대한 영향을 미치는 상사

신입사원의 첫 번째 상사는 그 직원의 향후 직장생활에 가장 큰 영향력을 행사할 수 있는 사람이다. 높은 성과를 위해 필요한 역량을 개발하도록 도와주지 못하거나 또는 도와줄 의향이 없는 관리자 밑에서는 본인의 능력보다 더 낮게 목표를 잡게 될 것이며 자아상 역시 약해질 것이다. 그리고 업무와 조직, 그리고 업무와 관련된 모든 것에 대해 부정적 인식을 갖게 될 것이다. 높은 성과를 향한 발전의 기회는 점점 사라지고 있기 때문에 이상이 높은 젊은 직원들은 더 좋은 기회를 찾아 조직을 떠나갈 것이다. 이와는 반대로 신입사원이 잠재력을 최대한 실현할 수 있도록 지원해줄 수 있는 관리자 밑에 있다면 그 직원은 앞으로 성공적 경력을 위한 든든한 기반을 쌓아나갈 수 있을 것이다.

웨스트코스트 은행의 경우, 주요 지점을 맡고 있는 지점장들은 대부분 40~50대의 경험이 풍부한 관리자들이다. 그리고 은행의 임원진들은 지식과 경험, 그리고 합리적 위험 관리, 고객과의 관계, 그리고 직원들과의 관계를 다루어 나갈 수 있는 노하우를 얻기 위해서는 오랜 시간이 필요하다고 믿고 있다.

그러나 수익 성장률, 예금 증가폭, 행정감사에서 받은 점수, 그리고 임원진들의 주관적 평가를 기준으로 했을 때, 상위 10%의 지점장 그룹에 27살에 불과한 한 젊은이가 속해 있다. 그는 25살의 나이로 지점장에 올랐으며 2년 만에 지점의 성과를 크게 높였을 뿐만 아니라 자신보다 더 어린 중간 관리자들도 양성하고 있다. 그리고 거기서 근무하던 한 중간 관리자 역시 25살에 지점장에 올랐다.

그 젊은 지점장의 대학 성적은 평균 정도에 불과했다. 그러나 은행에 입사한 뒤 4년 동안 멘토로서 탁월한 역량을 발휘하던 두 지점장 밑에서 업무를 배울 기회를 잡았다. 첫 번째 상사는 젊은 직원들을 육성하는 특별한 기술로 조직 전체에서 인정을 받던 지점장이었다. 그 지점장은 유능한 은행원이 되기 위한 지식과 기술을 얻기 위해 결코 오랜 세월이 필요한 것은 아니라고 믿고 있었다. 그리고 2년 후, 다른 지점을 맡고 있는 한 임원 밑으로 자리를 옮겼다. 두 번째 상사 역시 직원들의 잠재력을 발견할 줄 아는 유능한 관리자였다. 그리고 마침내 그 젊은 직원이 지점장으로 승진했을 때, 그 역시 두 상사들의 롤 모델을 그대로 따랐다. 빠른 시간 안에 놀라운 성과를 기록했으며 젊은 관리자들을 발탁하여 책임과 권한을 부여했다.

신입사원을 맡은 관리자의 중요성에 대해 다시 한 번 확인하기 위해 이번에는 영업 부서의 사례를 들어보자. 다른 부서에 비해 영업 부서는 성과를 더욱 쉽게 측정할 수 있다. 다음 연구 조사들을 한 번 살펴보자.

- 생명보험사 관리협회는 유능한 관리자와 그렇지 못한 관리자 밑에서 근무하고 있는 보험회사 영업사원들 100명씩을 대상으로 업무 실적을 분석해 보았다. 영업 관련 적성검사 점수가 중간 정도였던 직원들의 경우, 유능한 관리자 밑에서 근무한 직원들의 실적이 그렇지 못한 관리자 밑에서 근무한 경우보다 5배나 높은 것으로 밝혀졌다. 그리고 적성검사 점수가 높은 직원들의 경우, 2배 정도 높은 것으로 드러났다.[7]
- 1960년 메트로폴리탄 생명보험은 영업 적성검사 점수가 비슷한 설계사들을 대상으로 그들의 실적 차이가 단지 해당 대리점 관리자의 역량 차이로

인해 발생한 것인지를 알아보기 위해 신입 설계사들의 실적 차이를 분석해 보았다. 그리고 적성검사 점수에 비해 높은 실적을 기록했던 설계사들은 모두 실적이 3위 안에 속하는 대리점에서 근무를 하고 있다는 사실을 확인할 수 있었다. 이와는 반대로 적성검사 점수에 비해 실적이 낮은 설계사들은 모두 실적이 저조한 대리점에서 근무한 것으로 나타났다. 실적의 차이를 일으키는 다른 요소들까지 모두 고려하여, 메트로폴리탄 생명보험은 새로운 설계사들의 성과는 대리점 관리자의 '세일즈 교육 및 지시에 관한 역량'에 크게 영향을 받는다는 결론을 내렸다.[8]

- 뉴잉글랜드 지역의 포드 대리점에서 근무하는 영업사원들의 실적을 분석한 결과, 실적이 우수한 영업사원들이 특정 대리점에 집중되어 있다는 사실을 발견했다. 예를 들어 상위 15명의 영업사원들 중 10명이 200개에 달하는 대리점들 중 3개의 대리점에 소속되어 있었다. 그리고 15명 중 5명은 실적이 매우 높은 같은 대리점에 소속되어 있었다. 실적이 좋지 않은 딜러들과 함께 일한 경험이 있는 영업사원은 단지 4명에 불과했다. 우리는 여기서 교육과 동기부여에 관한 관리자의 능력이 중요하다는 사실을 다시 한 번 확인할 수 있다.

통찰력 있는 선발

직장생활에서 성공은 운에 달려 있는 것처럼 보이기도 한다. 하지만 운보다 더 중요한 것은 유능한 관리자의 선택을 받는 것이다. 우수한 관리자들은 직원들을 선택할 때 동전던지기와 같이 아무렇게나 하지 않는다. 그들은 자신이 '판단하기에' 성공 가능성이 높은 직원들만을 신중하게 골라낸다. 메트로폴리탄 록웨이 지역 담당인 오버랜더(Alfred Oberlander)의 말을 들어보자. "우리 팀과 함께 시작하는 설계사들은 모두 최고의 생명보험 설계사로 성장할 것입니다. 우리는 오직 성공할 수 있는 사람만을 선택합니다."

성공할 직원을 '알아보는' 비결에 대해 물어보면 유능한 관리자들은 보통 이렇게 대답을 한다. "재능이 비록 눈에 보이는 것은 아니지만 저는 직접 만나보면 바로 알 수 있어요." 사람을 판단하는 일은 직관적이고 또한 설명하기 힘든 인간관계 지능에 바탕을 두고 있기 때문에 관리자들은 구체적으로 언급하기가 까다롭다고 한다. 아무튼 그 핵심은 그들이 효과적으로 함께 일할 수 있는 직원, 즉 유연하면서도 기본적 성향이 자신과 잘 맞는 직원들을 알아보는 능력에 달려 있다. 물론 실수를 할 때도 있다. 하지만 잘못 판단했다고 하더라도 그들은 쉽게 포기하려 들지 않는다. 직원에 대한 포기는 동시에 자신의 판단과 선택, 그리고 교육과 동기부여 능력에 대한 실수를 인정하는 것이기 때문이다. 반면 무능한 관리자들은 직원들을 빨리 선택하고 쉽게 포기한다. 문제의 원인이 자신이 아니라 그 직원에게 있다고 믿기 때문이다.

신입사원을 핵심인재로 키워라

AT&T에서 대학 졸업생 채용을 담당하고 있는 월터스(R. W. Walters, Jr) 이사는 기업에 대한 조사를 통해 '실질적 책임과 더불어, 기업이 신입사원에게 부여하는 최초의 기대 수준이 미래의 기대 수준과 태도를 결정한다.'라는 결론을 보여 주었다. 그는 이렇게 주장하고 있다. "부서 내 가장 우수한 관리자가 신입사원들을 맡아야 합니다."[9] 하지만 불행하게도 대부분의 기업들은 거꾸로 하고 있다.

일반적으로 대학을 갓 졸업한 신입사원들은 경험이 풍부한 중간 관리자나 혹은 고위 경영진들과 함께 일할 수 있는 기회를 갖기 힘들다. 대개 경험이 없거나 조직에서 영향력이 별로 없는 실무 관리자들 밑에서 일을 시작하게 된다. 예외도 있기는 하지만 일반적으로 높은 권한을 부여하기에는 역량이 부족하다고 판단된 '나이 많은 관리자'나 '실무'와 '관리'의 중간 단계에 있는 나이 어린 관리자들이 신입사원들을 맡고 있다. 하지만 이러한 관리자들은 대부분 신입사원들의 역량을 개발하기 위한 지식과 기술이 부족하다. 그 결과 신입사원들이 업무를 시작하는 환경은 열악하다. 그리고 입사한 지 얼마 지나지 않아 자신의 역량을 개발하고 발휘하기가 어렵다는 사실을 깨닫고 이로 인해 자신의 업무와 조직, 그리고 경력관리에 대해 자연스럽게 부정적 생각을 갖게 된다.

하지만 기업의 임원진들 대부분 이러한 문제점을 제대로 인식하지 못하고 있다. 오늘날 비즈니스 세계가 해결해야 할 가장 중요한 과제는 신입사원들의 역량을 개발하고 활용하는 것을 방해하고 있는 비효율적 조직 구조를 개선하고 그리고 조직에서 가장 가치 있는 젊은 직원들의 관리적, 전문적 기술을 적극적으로 활용하는 일이다.

직장에 대한 환상과 이직률

요즘 경영관리 분야에서 나타나고 있는 중요한 문제의 원인이 단지 젊은 관리 직원 혹은 기술직 직원들이 직장을 자주 옮기는 경향이라고 치부해 버리는 경향이 있다. 입사한 지 1~5년밖에 안된 젊은 직원들의 이직률은 10년 전에 비해 2배 가까이, 그리고 20년전에 비해 5배가량 증가했다. 1968년 『포춘』에 실린 조사에 따르면 5개 중 3개의 기업에서 가을 시즌 동안 젊은 관리, 기술직 직원들의 이직률이 5년전에 비해 크게 증가했다고 한다.[10] 경제적 여유와 기술 인력의 부족 현상으로 이직 여건은 점차 좋아지고 있는 반면 이직률 증가로 인해 직장생활에서 성공을 꿈꾸고 있는 신입사원들에 대한 교육과 기회는 기대 수준을 밑돌고 있다.

특히 영업 부서에서 직장생활을 시작한 대학 졸업생들의 경우, 이직률의 문제는 아주 극단적 모습을 띠고 있다. 일반적으로 대졸 신입사원들이 3~5년 사이에 50% 정도 회사를 그만두고 있는 반면 영업 부서에 입사한 대졸 신입사원들이 첫 해에만 무려 40%가 직장을 그만두고 있다. 이러한 현상의 가장 큰 원인은 유능한 영업사원으로 성장하기 위해 필요한 지식을 신입사원들에게 교육해야 할 일선 관리자들의 역량 부족이라고 생각된다.

앞에서 살펴보았듯이, 역량이 부족한 영업 관리자들 밑에서 직장생활을 시작한 젊은 직원들은 대부분 실적이 좋지 못하다. 고객으로부터 거절을 당하고 관리자들로부터 인정을 받지 못한 젊은 사원들은 자연스럽게 자신감을 상실한다. 자신의 업무에서 만족감을 얻지 못하며 상처를 더 이상 입지 않으려고 움츠러들게 되고 결국 비전 있는 일자리를 찾아 회사를 떠나게 된다. 게다가 직장생활에 대한 꿈을 가지고 있던 신입 영업사원들의 좌절이나 높은 이직률에 관한 다양한 이야기들이 대학 캠퍼스로 흘러들어감에 따라 졸업생들은 영업사원으로 입사하기를 점차 꺼려하고 있다.

일선 영업 관리자들의 역량 부족으로 인해 대학 졸업생들마저도 영업 분야를 회피하는 현상이 나타나고 있다. 정도는 덜하지만 영업 외 다른 부서들에서도 이와 비슷한 현상이 나타나고 있다. 최근 대학 졸업생들이 교육이나 공공 부문과 같이 '더욱 의미가 있는' 업무를 원하는 성향이 높아지고 있다는 점에서 이를 확인할 수 있다.

상사와 직원들 간의 관계에 부정적 영향을 미치는 '세대 차이' 역시 또 다른 심각한 문제점으로 떠오르고 있다. 나이 많은 관리자들은 추상적, 학술적 용어들에 익숙하지 않으며 갓 졸업한 신입사원들이 특히 잘 사용하는 협소한 합리화의 논리를 못마땅하게 여기는 경향이 있다. 한 관리자는 나에게 이런 말까지 했다. "세상에 요새 젊은 친구들이랑 대화를 하려면 사전까지 찾아봐야 한다니까요." 책에서 배운 지식들로 가득 찬 똑똑한 젊은 직원들과의 대화에서 어려움을 겪고 있는 학벌이 낮은 관리자들은 심지어 분노를 느끼고 있다.

이유가 어떻든 간에 보편적으로 나타나고 있는 세대 차이 문제로 인해 대졸 신입사원에 대한 기업의 기대가 감소하고 있다. 예를 들어 한 대기업을 대상으로 실시한 경영관리 인식에 관한 조사에서 하위 또는 중간 관리자들 중 54%가 신입사원의 역량이 '5년전에 비해 떨어졌다.'고 생각하고 있는 것으로 드러났다. 직원에 대한 관리자의 기대는 직원들을 대하는 관리자의 태도에 영향을 미치기 때문에 신입사원들 또한 자신의 업무와 조직에 대해 부정적 태도를 갖게 되는 것도 이러한 면에서 당연할 것이라고 볼 수 있다. 어쨌든 대졸 신입사원에 대한 관리자들의 낮은 기대와 적대적 태도는 비즈니스 세계에 입문한 신입사원들을 효과적으로 관리할 수 있는 요인으로 작용할 수 없다는 점은 분명한 사실이다.

기업들은 일선 관리자들이 요구하는 것들을 충족시켜주지 못하고 있기 때문에 그들의 잠재력을 제대로 개발해 내지 못하고 있다. 그 결과, 많은 기업들이 가장 소중한 자원인 우수한 젊은 직원들을 제대로 활용하지 못하고 있다. 이로 인해 높은 이직률 비용이 발생하고 있으며 젊은 관리자들의 업무 태도는 점차 악화되고 있다.

조직의 효율성과 젊은 직원들의 업무 성과를 높이기 위해 고민하는 기업 경영진이 해결해야 할 과제는 명확하다. 신입사원들의 성과와 업무 만족도를 높일 수 있도록 일선 관리자들의 역량을 하루빨리 개발해야 하는 것이다. 관리자의 기대는 직원들의 업무 실적뿐만이 아니라 관리자 자신에 대한 태도에도 큰 영향을 미친다. 역량이 부족한 일선 관리자는 신입사원들의 성과를 높이지 못하고 그들의 자존심에 깊은 상처를 남기고 그리고 개인의 자아상을 위축시키고 있다. 반대로 우수한 관리 능력과 높은 기대 수준을 가진 관리자는 직원들의 자신감을 높이고 기술을 개발하게 하고 업무 효율성을 극대화할 수 있다. 그리고 이 과정에서 관리자는 피그말리온과 같은 존재라는 진리를 더욱 많은 사람들에게 확인시켜줄 것이다.

| 출처 |

1장 Bronwyn Fryer, "Moving Mountains", *Harvard Business Review*, January 2003.

2장 Frederick Herzberg, "One More Time: How Do You Motivate Employees?", *Harvard Business Review*, January 2003.

3장 David C. McClelland and David H. Burnham, "Power Is the Great Motivator", *Harvard Business Review*, January 2003.

4장 Nigel Nicholson, "How to Motivate Your Problem People", *Harvard Business Review*, January 2003.

5장 Harry Levinson, "Management by Whose Objectives?", *Harvard Business Review*, January 2003.

6장 Steve Kerr, "The Best-Laid Incentive Plans", *Harvard Business Review*, January 2003.

7장 Brook Manville and Josiah Ober, "Beyond Empowerment: Building a Company of Citizens", *Harvard Business Review*, January 2003.

8장 J. Sterling Livingston, "Pygmalion in Management", *Harvard Business Review*, January 2003.

| 주석 |

3장
1) David C. McClelland, William N. Davis, Rudolf Kalin, Eric Wanner, *The Drinking Man: Alcohol and Human Motivation*, Free Press, 1972.
2) George H. Litwin과 Robert A. Stringer의 *Motivation and Organization Climate*, Harvard University Press, 1968년, 참조.
3) David C. McClelland의 *Power: The Inner Experience*, Irvington Publishers, 1979년, 참조.

5장
1) "An Uneasy Look at Performance Appraisal", HBR 1957년 5-6월, 89쪽. (HBR 클래식 1972년 9-10월에 다시 게재됨)
2) 나의 논문 "On Being a Middle-Aged Manager", HBR 1969년 7-8월, 51쪽 참조.
3) Ronald J. Burke, Douglas S. Wilcox, "Characteristics of Effective Employee Performance Reviews and Developmental Interviews", *Personal Psychology*, Vol. 22, No. 3, 1969년, 291

쪽 참조.

8장

1) Rosenthal과 Headstart의 연구는 Robert Rosenthal과 Lenore Jacobson의 "Pygmalion in the Classroom", Holt, Rinehart, and Winston, 1968년, p.11 참조.
2) John W. Atkinson, *Psychological Review*, vol.64, "Motivation Determinants of Risk-Taking Behavior", no.6, 1957년, p.365
3) David E. Berlew와 Douglas T. Hall, "The Socialization of Managers: Effects of Expectations on Performance", *Administrative Science Quarterly*, 1966년 9월, p.208.
4) Rosenthal and Jacobson, p.3.
5) Rosenthal and Hall, p.221.
6) David E. Berlew와 Douglas T. Hall, "Some Determinants of Early Managerial Success", Alfred P. Sloan School of Management Organization Research Program #81-64, MIT, 1964년, p.13.
7) Robert T. Davis, "Sales Management in the Field", HBR 1958년 1-2월, p.91.
8) 일리노이 주 Life Insurance Agency Management Association 연례회의에서 Alfred A. Oberlander가 발표한 "The Collective Conscience in Recruiting", 1963년, p.5.
9) "How to Keep the Go-Getter", *Nation's Business*, 1966년, p.74.
10) Robert C. Albrook, "Why It's Harder to Keep Good Executives", *Fortune*, 1968년 11월, p.137.

옮긴이 박세연

고려대학교 철학과를 졸업한 뒤, 미국계 글로벌 기업인 이메이션에서 전략 기획 및 마케팅 업무를 담당하였다. 현재 '바른번역' 소속 번역가로 활동 중이다.
옮긴 책으로는 『왜 예술가는 가난해야 할까』 『새로운 혁신의 시대』 『비즈니스: the Ultimate Resources』(공역) 『풍요: the Plenitude』(공역) 『The Book of Code』 『In Pursuit of Elegance』 등이 있다.

KI신서 2146
하버드비즈니스클래식

동기부여의 기술

1판 1쇄 발행 2009년 11월 6일
1판 2쇄 발행 2011년 10월 5일

지은이 나이젤 니콜슨 외 **옮긴이** 박세연 **펴낸이** 김영곤 **펴낸곳** (주)북이십일 21세기북스
기획 엄영희 **디자인** 씨디자인, 네오북
마케팅·영업본부장 최창규 **영업** 이경희 박민형 정병철 **마케팅** 김현유 강서영
출판등록 2000년 5월 6일 제10-1965호
주소 (우413-756) 경기도 파주시 교하읍 문발리 파주출판단지 518-3
대표전화 031-955-2100 **팩스** 031-955-2151 **이메일** book21@book21.co.kr
홈페이지 www.book21.com **트위터** @21cbook **블로그** b.book21.com

값은 뒤표지에 있습니다.
ISBN 978-89-509-2096-8 13320

이 책의 내용의 일부 또는 전부를 재사용하려면 반드시 (주)북이십일의 동의를 얻어야 합니다.
잘못 만들어진 책은 구입하신 서점에서 교환해 드립니다.